출생 전 시작되는 자녀교육

Une Éducation Qui Commence Avant La Naissance

출생 전 시작되는

자녀교육

소리내

목차

I 장
부모 먼저 교육하라

나에게 교육자적 자질이 많다는 사실을 아는 사람들은 왜 내가 자녀교육 문제를 좀처럼 논하지 않는지 의아해 할 것이다. 교육자라면 누구든지 자녀교육에 대해 관심을 둘 터인데, 나의 경우는 예외다. 보통 교육자들과 달리, 나는 자녀교육 이전에 부모교육이 선행되어야 한다고 본다.

나는 오직 아이가 태어나기 전과 태어난 이후 부모들의 생활 태도만을 믿을 뿐, 어떤 교육이론도 믿지 않는다. 바로 이 점이 내가 자녀교육에 대해 말하지 않는 이유이다.

좋은 부모가 되기 위한 부모교육은 받지 않으면서 무슨 자녀교육을 할 수 있겠는가? 사람들은 부모이기만 하면 누구나 충분히 준비되어 있기라도 한 듯 서로 자녀교육을 논한다. 아이가 있기만 하면 준비된 부모로 여기지만, 사실은 대부분 준비되어 있지 않다. 그러므로 부모들을 먼저 교육해야 한다. 아이에게 이로운 영향을 주려면 부모들이 어떻게 행동해야 되는지 가르쳐야 한다.

사람들은 나의 이런 의도를 모르고 자녀교육에 대해 언급하지 않는 내가 교육자냐고 비난한다. 이는 나의 깊은 뜻을 알지 못하고 하는 소리이다. 준비되지 않은 부모에게 어떤 좋은 교육학 이론을 설명해 준들 무슨 소용이 있겠는가. 자신도 잘 이해 못하는 개념들을 적용한다면서 아이에게 나쁜 영향만 끼칠 것이다.

예비부모들은 대부분 자신이 과연 아이를 가질 자격이 되는지 아랑곳하지 않는다. 자신들의 건강은 양호한지, 아이를 양육할 비용은 충분한지, 어떤 상황에서든 아이에게 본보기가 될 수 있는지, 또는 아이를 안전하게 양육하고 아이에게 위안을 줄 수 있는 자질은 갖추고 있는지 등에 대해 깊이 생각하지 않는다. 부모는 그렇게 그저 아이를 낳기만 하고, 아이는 혼자 알아서 큰다. 아이들은 스스로 자기 인생을 헤쳐 나가게 되겠지만, 부모와 똑같이 준비되지 않은 열악한 조건에서 또 자신의 아이를 갖게 될 것이 뻔하다.

젊은이들이 어떻게 하면 좋은 부모가 될지 아무런 준비도 없이 결혼하려는 것을 보면 놀랍다. 더구나 젊은 임신부를 보면 어떻게 아이가 아이를 가졌는지 당혹스럽기까지 하다. 그 얼굴에 '나는 아이'라고 쓰여 있는데, 앞으로 어떤 일이 일어날지 뻔하다. 부모가 될 준비가 되어 있지 않으면 아이를 낳지 않는 편이 더 낫다. 아니면 값비싼 대가를 치르게 될 것이다.

아마도 여러분은 이렇게 물을 것이다.

"준비된 부모라고 하는데, 어떻게 하는 것이 준비되는 것인가요?"

좋은 부모가 될 '준비를 한다는 것'은 뛰어난 존재를 가정 안으로 끌어올 수 있도록 좋은 생각, 감정, 태도 등을 유지한다는 말이다. 비전학秘傳學*의 관점에서 볼 때, 가정마다 각기 다른 아이가 태어나는 것은 우연한 일이 아니다. 부모가 의식적이든 무의식적이든, 아니 대부분 무의식적으로 아이를 끌어온다. 하지만 부모는 무의식적으로 아이를 끌어오기 보다, 의식적으로 똑똑한 아이나 성스런 아이를 불러와야 한다. 그렇다, 부모는 아이를 선택할 수 있다. 그런데 대부분의 예비부모들은 이 사실을 알지 못한다.

그러므로 시작부터 다시 검토해야 한다. 시작은 아이를 임신하는 시점이다. 예비부모들은 아기를 갖기 몇 달, 더 나아가 몇 년 전부터 성스러운 행위를 준비하듯 준비해야 한다. 그런데 현실은 어

* 현교적顯教的 진리와 대비되는 비의적秘儀的 영적 진리를 탐구하는 학문.

떤가? 대부분 폭음 · 폭식을 한 파티가 있던 날 밤에 아이를 갖는다. 꼭 이런 때를 선택(이렇게 표현해도 좋다면)하고 만다. 평온하고 정신이 맑은 시간을 기다려 둘 사이의 완벽한 조화를 이루는 순간을 선택할 수 있음에도, 알코올로 인해 흥분되고 정신이 혼미해진 상태를 기다린 꼴이다. 이런 부모가 이 기막힌 순간에 생긴 태아에게 무엇을 전해 줄지는 뻔하다. 그렇게 받은 것들을 가지고 태어난 아이는 오류를 범한 부모의 첫 번째 피해자인 셈이다. 그런 이유로 나는 먼저 교육해야 할 대상은 아이가 아니라 바로 부모임을 강조하는 것이다.

가정에서 자녀가 보는 앞에서 부모가 말다툼을 하고, 거짓말을 하고, 무례한 언행을 일삼는다면 자녀교육에 어떤 영향을 미칠까? 실제로 부부싸움은 어린 아기의 신체적 질병이나 신경성 질환의 원인이 된다. 심지어 아기가 직접 보고 있지 않는 경우에도 부부싸움은 아기 주변에 나쁜 공기를 형성하며, 아기는 그것을 느낀다고 한다. 아기는 부모와 아주 밀접하게 연결되어 있기 때문이다. 아기는 전혀 의식 못하지만 크게 영향을 받고 결국 아기의 에테르체**가 손상을 입는 것이다.

** 에테르체란 육체의 가장 정묘한 부분으로, 일종의 에너지체이다.

부모라면 부모로서의 책임을 통감해야 한다. 부모 역할에 합당한 태도를 보여 줄 수 없는 사람은 영들에게 육화肉化하러 오라고 권할 자격이 없다. 믿기지 않을 정도로 행동을 함부로 하는 사람들을 보면 과연 그들이 자식을 정말 사랑하는지 나는 묻고 싶어진다.

"아이들을 사랑하기는 하는 건가요?"

그들은 오히려 화를 낸다.

"무슨 말씀이세요? 당연히 사랑하고 말고요."

나는 또 되묻는다.

"믿기 어려운데요. 아이들을 사랑하는 부모라면 태도를 바꿀 텐데요. 아이들에게 악영향을 끼치는 결점들을 보완하든지요. 그런데 당신은 어떤 노력도 하지 않네요. 당신에게는 그런 게 사랑인가요?"

나도 우리 형제회***의 미래가 아이들한테 달려 있다는 것을 잘 안다. 그래도 나의 관심사는 여전히 부모들이다. 나는 그들에게 조상 대대로 물려받은 생식 본능을 충족시키기 위해 자녀를 낳으면 안 된다는 점을 이해시키고 싶다. 물론 이 본능은 존재한다. 그

*** 옴람 미카엘 아이반호프 스승의 영적인 가르침을 공부하고 실천하는 것을 목표로 1947년 프랑스에 세워진 우주백색형제회를 일컫는다.

러나 이 본능은 보다 영적으로 이해되어야 한다. 아이를 더 높은 차원의 상위계上位界에 연결해 주려면, 생각 · 혼 · 영 모두 이 행위에 참여해야 한다. 대부분의 경우, 인간들은 동물들처럼 하는 것으로 만족한다. 먹고, 마시고, 생식하는 행위 속에 영적인 것은 하나도 들어 있지 않다. 사랑은 전혀 중요하지 않다. 쾌락, 단 몇 분간의 쾌락만 중요하다. 그리고 일생 동안 자기도 대가를 치르고, 자녀 역시 대가를 치르게 만든다.

내가 아이들 교육에 관심 갖기를 원하는가? 아니다. 나는 먼저 부모들한테 전념하려 한다. 그것이 이미 태어난 아이들과 앞으로 태어날 아이들을 간접적으로 돌보는 것이다.

Ⅱ장
출생 전 시작되는 자녀교육

부모가 될 준비를 하고 있는 예비부모들은 태어날 아이의 체질이나 성격, 지능, 장점, 단점 등은 우연의 산물이든지 아니면 신의 뜻에서 비롯된다고 생각한다. 정작 '신의 뜻'에 대한 명확한 개념을 가지고 있는 것도 아니면서 말이다. 그래도 유전법칙에 대해서는 들어 본 적이 있기에 아이의 신체나 정신이 부모나 조부모, 나아가 부모의 형제자매를 닮을 것이라고 생각한다. 그러나 이 닮는 현상을 돕거나 막기 위해, 그리고 신체뿐 아니라 심령이나 영의 차원에 이르기까지 전반적으로 아이의 건강한 발육을 돕기 위해, 무언가 부모가 할 수 있는 일이 있다거나 아이의 됨됨이를 선택할 수 있다고는 생각하지 못한다. 그들의 오류가 바로 여기에 있다. 분명 부모는 그들의 가정에 와서 태어날 아이에게 이로운 영향을 줄 수 있다.

예비부모는 임신 전부터 숭고한 영을 끌어오기 위한 준비를 해야 한다. 고등한 존재는 오직 일정 수준의 순수함과 자제력을 갖춘 사람들을 통해 육화하는 것만 수락한다. 이런 존재에게 중요한 것은 반드시 부자나 명예 있는 가문에 들어가는 것이 아니다. 그곳에서는 너무 유복해서 시험 받을 기회가 생기지 않기 때문이다. 그래서 때로 고등한 존재는 보잘것없는 가문을 선호한다. 그는 부모로부터, 자신의 영적 작업에 방해되지 않을 유전적 특성을 물려받아야 한다. 그가 지구에 오기로 결심한 이유가 바로 이 영적 작업이다. 그런데 극소수의 남녀만이 위대한 영들의 육화에 필요한 자질을 갖추고 있다. 그래서 지구는 신성한 존재들이 아니라, 보통 사람 · 병자 · 범죄자들로 가득 차 있을 수밖에 없다.

백색형제회의 가르침은 예비부모들에게 어떤 영적인 상태에서, 얼마나 순수한 가운데서 임신 준비를 해야 하는지 알려준다. 또 행성들이 최상의 영향권 아래 놓이게 될 때 그들이 임신 시기를 선택하도록 돕는다. 어째서 인간들은 그렇게 중요한 임신이라는 사건을 우연에 맡길 수 있는 걸까? 앞으로 인류에 크게 봉사할 유력하고 빛나는 영을 끌어오기 위해 신의 도움과 천사들의 현존을 구해야 할 바로 그때 말이다. 그러기는커녕, 그들은 알코올의 도움, 또는 뭔지 모를 무언가의 도움을 구한다. 종종, 그 순간 남자는 동물처럼 되어 아내가 원치 않는 행위를 하고, 이런 일이 빌미가 되어 아내는 남편을 향해 경멸, 반감, 복수의 감정을 키우기도 한다. 그러고도 괴물 같은 아이가 출현한다고 놀랄 것인가?

임신의 문제를 좀 더 상세히 살펴보자. 아이가 이 세상에 오려면 아버지는 어머니에게 씨를 주고, 어머니는 이 씨를 성장시켜야 한다. 따라서 아버지는 창조자, 어머니는 형성자라고 할 수 있다. 아버지가 제공하는 이 씨는 아버지 자신의 진수의 요약이요, 응축이다. 그가 영위했던 모든 것과 그가 영위 중인 모든 것이 이 씨 안에서 현현顯現된다. 따라서 얼마나 양질의 씨를 주느냐는 아버지가 지금까지 살아온 삶의 태도에 달렸다.

나는 강연을 통해 우리의 모든 삶의 태도가 어떻게 우리 안에, 우리 모든 세포의 염색체 속에 기록되는지 이미 여러 차례 설명한 바 있다. 각 세포마다 기억력을 가지고 있다. 다른 사람들 앞에서 친절하고, 정직하고, 인정 있어 보이려 연극을 해도 아무 소용 없다. 마음속으로 생각하고 느끼는 것만 그대로 세포에 기록되고 대를 이어 유전으로 전해진다. 질병이나 악이 세포 속에 기록되었다 하자. 이후 일단 아이에게 유전되고 나면 아이를 치료하겠다고 교수, 특수학교, 의사를 아무리 찾아다녀도 할 수 있는 것이 크게 없다.

너무 늦었다. 모든 것은 유전된다. 첫째 아이에게 안 나타나면, 둘째, 셋째 아이에게 나타난다. 자연은 한결같고 진실하다는 것을 알아야 한다.

그러므로 임신 순간에 남자가 여자에게 제공하는 것의 성질이 항상 다 똑같다고 믿는 것은 잘못이다. 남자가 더 고결해지고 더 정화되기 위해 수양해 본 적이 없으면, 아이 어머니에게 지극히 평범하거나 사악하기까지 한 씨를 제공할 수밖에 없다.

멋진 예라고 볼 수는 없겠지만, 적어도 명백하기는 한 예를 하나 들어 보자. 수도꼭지의 역할은 물을 제공하는 것인데 그 물은 더러울 수도, 맑을 수도 있다. 내면에 나쁜 생각, 나쁜 감정을 계속 품고 있는 사람은 더러운 물을 공급할 수밖에 없다. 반면 선과 빛을 향해 꾸준히 수행하는 사람은 생기를 주는 맑은 물을 공급한다. 그렇다. 놀라지 말라. 남자가 여자에게 수태 당시 제공하는 씨는 남자의 진보 정도에 따라 천차만별이다.

땅에 심은 씨앗이 장차 어떤 나무나 꽃이 될지 청사진을 속에 지니고 있는 것같이 어머니에게 제공된 아버지의 씨 속에도 장차 어떤 아이가 될지 그 청사진이 들어 있다. 아이의 지능과 재능뿐 아니라 결함과 약점도 들어 있다. 어머니는 임신 9개월 동안 그 청사진 구현에 필요한 물질을 제공하는데, 이 점에 대해서도 대단히 홍

미 있고 중요한 것들을 밝힐 수 있다.

임신 9개월 동안, 어머니는 태아의 신체 형성만을 위해 수고하는 것이 아니다. 자기도 모르는 사이 남자가 준 씨를 대상으로 작업하여, 이 씨 안에 내포되어 있는 다양한 특성들이 발현되는 데 유리하거나 불리한 조건들을 만들어 낸다. 어머니가 어떻게 그런 작업을 할까? 생각과 감정과 영위 중인 삶을 통해서 한다. 내가 영적 전기도금이라 부르는 것이 바로 이 작업이다.

먼저 영적으로 적용된다면 온 인류에 지극히 중대한 결과를 초래할 수 있는 전기 도금술의 화학적 과정을 소개하겠다.

금속염 전해액이 담긴 통에 두 개의 전극을 담근다. 양극에는 통에 용해되어 있는 금속염과 동일한 금속판을, 음극에는 아무 형상, 예컨대 동선이나 메달 모양의 흑연으로 피복된 고무로 만든 물체를 매단다. 양극과 음극, 두 전극을 금속선으로 건전지 양쪽 극에 연결시킨 다음 전류를 흐르게 한다. 양극은 분해되어 전해액의 액체를 재생시키고 용액 속에 포함되어 있는 금속은 음극에 쌓인다. 점차 음극에 매달린 물체는 전해액 속 금속으로 덮어씌워져 희망에 따라 금, 은, 동으로 도금된 형상이 된다.

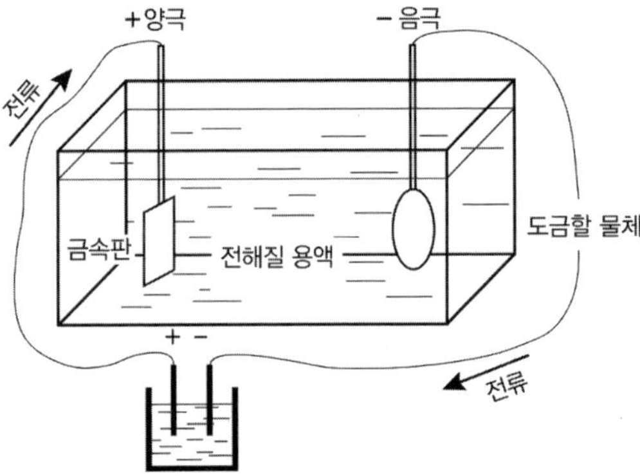

자연을 잘 관찰해 보면 전기도금 현상이 도처에서 일어나고 있음이 확인된다. 이를테면, 우주공간에서 다른 천체들로부터 수많은 영향을 받는 우리 행성 지구는 음극, 즉 여성 원리를 나타낸다. 하늘, 그러니까 태양과 별들은 양극, 곧 남성 원리를 나타낸다. 지구와 태양(또는 다른 별)은 서로 교류한다. 둘 사이에 끊임없이 순환작용이 일어나기 때문이다. 두 극은 우주 전해액 속에 잠겨 있다. 이 용액은 천체들을 모두 담가 에워싸고 있는 에테르, 곧 우주 유체이다. 마지막으로 건전지다. 건전지 덕에 순환이 일어난다. 두 극이 연결되어 있는 건전지가 바로 신이다.

자, 이제 지구라는 음극에 도금할 물체, 예컨대 씨앗 한 알을 심자. 그러면 이 씨앗은 우주 전해액 속에 잠긴다. 이후 신으로부터 발출된 흐름이 지나가면, 전기도금 현상이 일어난다. 전해액 속에 들어 있는 물질이 음극, 즉 씨앗 위에 쌓이기 시작하고, 씨앗이 성장함에 따라 양극(태양, 혹은 다른 별)은 전해액을 재생시킨다. 지구에 심긴 씨앗은 이런 식으로 제각기 에테르(우주 전해액) 속에서 자기 성질과 맞는 온갖 성분들을 끌어온다. 이 성분들은 점점 씨에 쌓이고, 이렇게 자기가 끌어당긴 성분에 따라 씨는 저마다 다르게 성장하는 것이다.

이 전기도금 현상이 임신부한테서도 일어난다. 임신부 안에도 씨, 전극, 전해액이 있다. 남자는 그녀의 몸속, 곧 음극에 살아 있는 씨를 넣어 준다. 씨는 하나의 이미지이다. 이 이미지는 때로는 술주정꾼, 범죄자, 또는 아주 평범한 사람일 수도 있으며, 때로는 천재나 성인일 수도 있다. 여자가 임신을 하면, 곧바로 그녀의 뇌(양극)와 씨 사이에 흐름이 돌기 시작한다. 어머니의 뇌는 실제로 건전지, 곧 우주에너지의 근원인 신에 연결되어 있어 신으로부터 이 흐름을 받는다. 이후 흐름은 어머니의 뇌에서 태아에게로 전달된다. 전해액은 그러니까 양극(임신부의 뇌)과 음극(자궁)이 잠겨 있는 어머니의 혈액이다. 혈액은 모든 장기와 모든 세포를 똑같이 적셔 준다. 혈액 속에는 금, 은, 동 등 온갖 물질이 녹아 있다.

양극인 머리는 그러므로 혈액을 재생시키는 금속(상념)을 제공한다. 씨가 엄청나게 좋다 해도 어머니의 머릿속에 납(상징적으로)의 상념이 들어 있다면 후일 납으로 피복된 아이, 곧 행실이 나쁘고, 비관적이고, 허약한 아이가 태어나도 놀라지 말아야 할 것이다. 씨는 주형에 불과함을 알아야 한다. 이 주형이 멋진 메달의 모습이라 해도 저질 금속으로 피복된다면 가치 있는 메달이 되지 못하는 것이다.

전기도금의 법칙을 알고 있는 어머니가 출산을 위해 이 법칙을 적용하기로 결심한 경우를 보자. 자궁 속(음극)에 씨를 받으면 그녀는 곧바로 금판, 곧 지극히 고결한 상념과 감정을 머릿속(양극)에 집어넣는다. 순환 작용이 시작되면, 온몸을 도는 혈액은 이 고급 금속을 씨에 전달한다. 아이는 배 속에서 금 옷을 두르고 성장하고, 태어나서는 튼튼하고 아름다울 뿐 아니라 역경과 질병과 모든 악한 세력들도 이길 수 있게 된다.

어머니들은 대부분 자기 내면의 상태가 배 속에 있는 아이에게 끼치는 영향을 믿지 않는다. 태어나면 돌보기 시작하리라, 태어나면 선생이나 교수 등을 붙여 주리라 생각한다. 아니다. 아이가 태어난 다음에는 너무 늦는다. 이미 결정되어 버렸다. 어머니 배 속에서 받은 것들이 저질이면 어떤 교육자도, 어떤 교수도 아이를 변화시킬 수 없다.

교사나 교수가 많은 것들을 할 수 있음은 물론이다. 그러나 아이를 지도하는 정도일 뿐이지 아이의 근본적 성품은 바꿀 수 없다. 만일 근본적 성품에 결함이 있으면 아무리 최고로 좋은 교육자를 붙여 주어도 소용없다. 아이는 변하지 않을 것이다. 납은 어떻게 가공해도 여전히 납일 따름이다. 납을 반짝이게 하려고 아무리 윤을 내고 다듬고 깎아도 소용없다. 몇 분 후면 다시 검게 변한다. 납이기 때문이다. 납으로 된 아이가 아니라, 금으로 된 아이를 만들어야 한다. 그런 아이는 최악의 조건 속에서 살게 되는 경우에도 절대 변질되지 않는다. 본성이 너무 순수하기 때문이다.

이제 여러분은 임신부라면 빛나는 상념들을 머릿속에 집어넣어야 함의 중요성을 이해하였으리라. 이 상념들 덕분에 임신부 안에서 자라고 있는 씨가 순수하고 값진 질료들을 흡수하는 것이다. 그래서 탁월한 예술가와 식견 있는 학자, 성자와 신의 메신저가 탄생한다. 어머니는 이렇게 큰 기적을 이뤄 낼 수 있다. 생명의 열쇠를 쥐고 있기 때문이다.

나의 어머니는 나를 임신할 때나, 배 속에 품고 있었을 때나 나를 신께 바칠 생각을 하고 있었다고 한다. 또 내게 세례를 준 신부는 평상시 술을 전혀 마시지 않는데, 내 세례식 날에는 너무 기쁜 나머지 생전 처음 취할 정도로 마셨다고 한다. 후일 그는 내가 딴 아이들과 확연히 다른 특출한 아이라 술에 취했던 것이라고 하며,

여기서 밝히지는 않겠지만 나에 대한 예언까지 해 주었다. 하지만 이후 나는 커 가면서 악동이 되었다. 내가 어떻게 이웃집 과수원 사과를 서리했는지, 어떻게 곳간에 불을 지르곤 했는지는 다른 강연을 통해 이미 다 이야기했다. 그러나 비행은 오래 지속되지 않았다. 심층부에 쌓여 있는 씨들은 그대로 계속 남아 있기 때문이다. 피상적인 태도에 불과한 것들은 지속되지 않는다.

나의 어머니가 나를 신께 바쳤기 때문에 나는 특별한 존재라고 말하고 싶지는 않다. 자식을 신께 바칠 수는 있으나 신의 종들의 서열에서 어떤 등급에 배치될지는 알 수 없는 노릇이다. 어머니들도 당연히 모른다. 나는 나의 어머니는 알고 있었다고 생각하지 않는다. 따라서 내가 신께 바쳐졌다는 사실과 내 개인의 영적 상승과는 아무런 관계가 없다. 어머니가 신께 바친 기독교인들은 많다. 하지만 그다지 진보하지 못한 채 교회 안에 그냥 머물러 있다. 다만 확실한 것은, 그 부모들이 아이들 안에 작은 불씨가 생기기를 기원했다는 점이다. 이 불씨에 바람을 불어넣어 주면 화염이 될 수 있다. 불씨는 키워주지 않으면 아무것도 아니다. 불씨를 키우려면 계속 장작도 대주고 바람도 불어넣어야 한다.

임신 기간 중, 이전에는 전혀 느껴 보지 못했던 묘한 욕망이나 제어할 수 없는 충동에 쉽게 빠지는 여성들이 많다는 것은 잘 알려진 사실이다. 사람들이 모르는 건, 이런 현상의 원인이다. 내가 여기서 밝히겠다. 임신부는 종종 후일 아이 인생에 관여하려는 의도를 품은 악한 영적 존재들의 방문을 받는다. 그들은 어머니 안에서 일어나는 전기도금을 뒤죽박죽 망치는 행동을 하라고 어머니를 부추긴다. 그렇게 함으로써 후일 아이 속에 들어가 그의 영혼을 출입하며, 그 아이를 통해 양분을 섭취하려는 의도다. 하지만 우리는 이를 재빨리 알아차릴 수 있다.

대개 아이들은 내가 가까이 가면 금방 나를 좋아한다. 그런데 몇몇 아이들이 나를 뿌리치고 도망쳐 사람들이 의아해 한 적이 서너 번 있었다. 아무도 그 이유를 몰랐지만 나는 알고 있었다. 이 모든 삶의 현상들이 내게는 명백하다. 부모들이 너무 속상해하고 유감스러워하여 나는 어머니들에게 이유를 설명해 줄 수밖에 없었다.

> "당신은 임신 중 분명 바람직하지 않은 행동을 한 적이 있었을 겁니다. 따라서 아이를 이용하려고 아이 속에 머무르려 하는 존재들을 당신 자신이 끌어온 셈이지요. 이 존재들은 적절한 때를 기다렸다 자신을 드러낼 겁니다. 그들은 내게서 적을 감지하지요. 이 아이가 내 영향권에 들어오면 내가 자신들을 쫓아 낼 것이라는 것을 알기 때문입니다. 나의 태도와 의지, 내게서 발출되는 것들, 내가 아이에게 주는 모든 것들로 인해 저들은 쫓겨날 수밖에 없으니까요. (내가 이렇게만 했는데도, 어떤 존재들은 다른 존재들로 교체되었다. 이

것이 나의 즐거움이다. 내게도 즐거운 일들이 있다.) 그래서 저 존재들이 당신 아이를 내게서 멀리 떼어 놓으려 하는 겁니다."

나는 절대 굴복하지 않는다. 나는 부모들을 사랑하기에 언제나 돕고 싶은 마음뿐이다. 이런 작업을 하고 조금 시간이 지나면 나를 피해 도망쳤던 아이는 재빨리 내게 달려와 껴안고 야단이다. 이따금 여러분이 보는 앞에서 이런 일들이 일어나지 않았던가?

임신 기간 동안 줄곧 어머니는 아이를 보호하는 데 전념해야 한다. 상념을 통해 의식적으로 주위에 순수하고 빛나는 분위기를 조성하여 악한 존재들의 공격을 막아 주고, 곧 육화될 영혼과 협력하여 작업할 수 있어야 한다.

사람들의 생각과 달리, 영혼이 아이의 육체 속에 들어가는 시기는 임신 중이 아니다. 어머니 배 속에 아이가 살고 있다, 심장이 뛴다, 성장하고 있다. 맞다. 그러나 영혼은 아직 육체 속에 들어가지 않은 상태이다. 첫 숨을 쉬며 태어나는 순간에 들어간다. 그때까지는 어머니 곁에 머물면서, 어머니와 협력하여 자신의 여러 체體* 들(육체, 아스트랄체, 멘탈체……)을 건설하는 작업을 한다. 보통 어

---

* 인체는 6개의 몸, 곧 육체를 비롯하여 갈수록 정묘해지는 아스트랄체, 멘탈체, 코잘체, 붓디체, 아트만체로 구성되어 있다.

머니는 이 작업을 잘 인식하지 못한다. 아직 그만한 민감성이나 식견을 갖추지 못해서 그렇다. 그러나 비록 어머니가 영혼을 볼 수는 없지만, 적어도 영혼에게 말을 건넬 수는 있다. 이런 간청을 할 수도 있다.

> "내가 가장 좋은 자재資材들을 너에게 줄게. 너를 도와줄게. 너도 이 아이가 예술가, 철학자, 학자, 성자가 될 수 있도록 필요한 자질들을 가져다 주렴."

어머니가 사랑으로 이렇게 강력한 말, 마법적인 말을 하는 순간 이미 어머니로부터 어떤 입자들이 발출되며, 육화될 아이의 영은 이 입자들을 취해 자신의 여러 체들을 건설할 자재로 사용한다. 아이 자신은 아무것도 가지고 있지 않다. 모든 자재를 어머니한테서 받는다. 그렇기 때문에 아이에게 자재를 제공할 때, 어머니는 의식을 밝히고 상념과 감정을 통해 가장 빛나고 가장 순수한 입자들만 제공해야 한다.

대다수 사람들에게 비가시非可時세상**의 모든 현상들은 알려져 있지 않다. 우리 가르침의 역할은 만져지지 않는 정묘한 세상, 그러나 실제보다 더 실제적인 세상을 지각할 수 있도록 돕는 것이

** 가시적인 물질계에 대비되는 눈에 보이지 않는 세계, 곧 영적인 세계를 일컫는다.

다. 이 가르침 덕에 여러분은 의식이 더욱더 밝아지고, 여러분에게 영향을 주는 모든 흐름들과 주위에 있는 모든 존재들에게 더 관심을 기울이게 될 것이다. 나아가 선을 위해 일할 수 있는 사람이 될 것이다.

예비부모들은 태어날 아이들이 언젠가 어떤 식으로든 부모의 사고방식과 삶의 태도를 반사하리라는 점을 잊지 말아야 할 것이다. 사람의 머릿속과 마음속에서 일어나는 모든 것은 언젠가 실현된다. 상념 하나하나, 욕망 하나하나는 사람 속에 나타나는 순간 생명을 갖는다. 태어날 아이도 실은 아버지나 어머니의 머릿속과 마음속에 이미 존재하고 있었다. 그러므로 만일 여러분의 자녀가 성장하면서 여러분을 돕는 천사가 되었다면, 그것은 여러분이 수년 동안 선한 상념을 내면에 간직하고 있었다는 뜻이다. 이 상념이 여러분의 자녀로 육화되어 자녀를 통해 계속 여러분을 도와주고 있는 것이다. 반대로 이 아이가 여러분에게 근심거리만 야기하고 있다면, 이 아이 역시 여러분이 키운 범죄적 상념의 현현顯現임을 알아야 한다.

아이는 무無에서 태어나지 않는다. 만일 여러분이 자신의 아이가 태어난 목적이 무엇인지 내게 묻는다면 나는 이렇게 대답할 것이다.

"여러분의 머릿속에 무엇이 들어 있었는지 여러분에게 알려주려고 태어난 것이다."

사람들은 이렇게 자녀를 통해 자기 자신을 알아 간다.

Ⅲ장
인류의 미래를 위한 계획

사람들은 국가적 · 국제적 상황을 개선하기 위하여 온갖 종류의 계획을 공표한다. 정치 · 재무 · 경제 · 군사 분야의 계획들 모두 놀라운 견해, 놀라운 통찰력에서 비롯된 것들이다. 경탄하지 않을 수 없다. 다만 이 계획들은 기술개발, 생산성 향상, 연구소 및 대학 설립, 군비 증강 또는 감축 등 물질 영역에만 한정되기 때문에 정작 중요한 일에는 쓸모가 없다. 그리고 인류는 똑같은 혼란, 똑같은 불행을 반복해서 겪는다. 이 모든 것들을 바라보며 나도 나름 계획을 제시하기로 결심했다. 여러분은 아마도 이렇게 생각할 것이다.

"오만하십니다……, 주제넘으시네요."

어쩌면 그럴지도 모른다. 하지만 유익하고 효과만 좋다면 누구나 계획을 세울 자격은 있지 않을까? 여러분도 세울 수 있다. 내 계획은 아주 단순하다.

나는 정부에 병원 · 감옥 · 법정 · 학교 때문에 많은 돈을 지출하는 대신, 임신부를 돌보는 데 전념하라고 권고하는 바이다. 비용은 크지 않고 성과는 좋을 것이다. 아주 아름답고 자리가 좋은 지역에 토지를 정비하고 내가 지시하는 스타일과 색깔로 임신부를 위한 숙소를 지으라고 당국에 당부하고 싶다. 온갖 종류의 나무, 꽃, 연못, 분수가 있는 정원이 달린 숙소에서 임신부들이 임신 전 기간에 걸쳐 머무르고 숙식은 국가가 제공한다.

그들은 아름다운 자연과 시적인 분위기 속에서 독서, 산책, 음악 감상에 대부분의 시간을 보낸다. 나머지 시간에는 강연에 참석하여 임신 중의 생활법을 배운다. 어떤 음식을 먹는 게 좋은지, 특히 태어날 아이를 대상으로 생각과 감정으로 할 수 있는 작업에 대해 배울 것이다. 물론 남편들은 부인을 보러 올 수 있다. 부인의 작업을 돕기 위해 남편이 부인에게 취해야 할 행동 방식도 가르친다. 여러분은 이런 평화, 안정, 아름다움 속에서 하늘나라가 흘러나올 통로가 될 아이들이 태어나는 것을 보게 될 것이다.

오늘날은 육화하러 내려오는 모든 영들 가운데 겨우 극소수만 천상에서 온다. 나머지는 어디서 올까? 천상의 영들이 내려올 수 있는 문은 닫혀 있다. 그들은 부도덕, 악의, 무질서 가운데 있는 육체 속으로 들어올 수 없다. 그래서 인류는 진보하지 못하고 있다. 물론 인류는 결국 진보할 것이다. 그러나 수천 년 후 여러 대재앙과 막대한 시련을 겪고 난 이후에야 가능할 것이다. 나는 여러분에게 이 모든 시련을 거치지 않고 급속히 진보할 수 있는 방법을 설명하고 있는 중이다. 현재까지 기술적 · 경제적 · 의료적 관점에서 꾀했던 모든 변화는 언제나 똑같은 격정과 똑같은 악의 속에서 살고 있는 인간이라는 종을 진보시키지 못했다. 심지어 어쩌면 이진보다 더 나빠졌을 수도 있다. 그럼에도 불구하고 앞으로 인류는 진보할 수 있다. 시작부터, 즉 아이를 임신 중인 어머니부터 새로 시작한다는 전제조건하에서 말이다.

만약 많은 임신부들이 살고 있는 환경의 비참한 실상을 여러분이 알게 된다면 정말 놀랄 것이다! 그들은 빛도 안 드는 비좁은 공간의 빈민굴에 살면서 모든 것을 하고 모든 것을 감내한다. 그것도 모자라 시장 저편에서 일용직 일자리를 구하지 못했거나 친구들에게 모욕당해 심기가 불편해진 남편들은 술에 취해 귀가하여 부인에게 분풀이를 하고 폭행까지 일삼는다. 그러니 그들이 어떤 영적 상태에서 아이를 배 속에 품고 있겠나 헤아려 보라. 이런 임신부들을 위해서는 병원을 짓기보다 이상적 환경에서 해산을 기다릴 기회를 제공하는 편이 더 나을 것이다. 출산 후 빈민굴로 돌아가 훗날 아이가 자라면 아이는 어머니한테 궁궐을 지어 줄 수도 있다. 그렇다. 아이는 재능과 능력을 길러 부모를 언젠가 빈곤에서 벗어나게 해 줄 것이다.

사람들은 여성들의 출산 환경에는 도무지 관심을 두지 않는다. 그리고 후일 당연히 미치광이 · 병자 · 범법자가 극도로 증가하면, 그때가 돼서 전문시설 · 병원 · 감옥을 신축하고 교육자 · 의사 · 경찰 인원을 늘린다고 야단법석이지만, 다 무용지물이다. 소위 심리학이나 교육학 발전에 수십억씩 계속 지출한다 해도 어머니가 처음에 태아에게 제공한 에센스를 변화시키는 데는 절대 이르지 못한다. 하지만 내가 제안하는 방법은 큰 효과가 있을 것이다. 어떤 교육자, 어떤 의사도 아이의 근본적 성품은 바꾸지 못한다. 니스(varnish)를 약간 칠해 줄 수는 있다. 하지만 그것이 전부다. 이후 아이의 성품을 개선하기 위한 모든 시도는 일종의 길들이기에 불과하다. 미개인들의 경우와 정확히 똑같다. 음식 먹는 법이나 옷 입는 법을 가르친다든지 그들을 조금 교육시키는 것은 가능하다. 문제는 오래가지 않는다는 것이다. 자기 종족에게로 돌아가면 즉각 이전 상태가 되어 버린다. 그 누구도 성인이든 악인이든 변화시킬 수 없다. 어쩌면 표면상으로 아주 잠시 동안은 영향을 줄 수 있을지 모른다. 하지만 근본적으로 그는 여전히 그로 남는다.

내가 제안하는 계획이 비과학적이라고 말할 사람도 많을 것이다. 시도해 보기 전에 비판할 권리는 없다. 물론 단번에 모든 것이 완전히 해결될 수는 없으리라. 몇 세대가 걸릴 수도 있다. 부모가 대대적인 정화작업을 한다 해도 자기 부모한테 받은 약점과 악덕의 유산을 청산하는 데 이르기는 어렵다. 하지만 정말 조심한다면, 자녀들에게 내려갈 결함 요소가 있음에도 불구하고 당대에 벌써 상점들이 우세해진다. 2세는 더 나아지고, 3세는 그보다 더 나아져 남아 있던 과거의 결함 요소들은 점차 사라질 것이다. 똑똑하고 책임감 있는 사람이라면 임신 중 어머니 안에서 일어나는 일들의 중요성을 깨달아야 한다. 또 진기도금의 법칙을 배운 여성, 보살핌과 애정을 받고 적절한 물질적 지원을 받은 여성이 아이의 육체뿐 아니라 아스트랄체(감정체), 멘탈체(상념체)까지도 가장 좋은 자재로 건설할 수 있음을 알아야 한다.

나는 불행히도 사람들이 나의 이런 계획을 거부하고 더 연구하지 않으리라는 것을 미리 알고 있다. 이 세대는 다른 사상들에 의해 너무도 잘 빚어지고 가공되어 머릿속에 이런 견해가 들어갈 자리가 없다. 수개월간의 어머니의 부재가 가정에 초래할 지장을 생각 못할 정도로 내가 어리석지 않음은 물론이다. 그러나 사랑과 이해와 선의를 조금만 더 갖는다면 그런 문제들은 쉽게 해결될 것이다.

현재로서 중요한 것은 현대 과학이 이런 견해를 받아들이기로 결정하느냐인데, 아직은 멀다. 멀어도 너무 멀다. 그 증거를 하나 소개하겠다. 우리 형제회에는 최근 아기를 가져 산부인과에 다니고 있는 자매가 한 명 있다. 어느 날 그녀는 의사와 면담 중, 자신이 어떤 영적 가르침 공동체의 일원임을 밝힌 후, 임신부는 상념을 통해 태아를 대상으로 중대한 작업을 할 수 있다는 사실을 그곳에서 배웠다고 말했다. 의사가 어떻게 반응했을까?

> "천만에요. 다 어리석은 말들입니다. 어머니의 생각이 아이에게 도대체 뭘 해 줄 수 있기를 바란단 말입니까?"

의사는 이렇게 말하면서 웃음을 터뜨렸다고 한다. 의사들 수준이 아직 어떤지 알겠는가? 이런 사람들한테서 빛을 기대하기는 어렵다.

실제로, 생물학자들이 실험을 통해 어미 생쥐가 임신 중 경험한 두려움과 불안 상태가 나중에 그 새끼들에게 반영된다는 결과를 밝힌 바 있다. 그렇다. 이번에도 또 생쥐들이다. 사람들은 수백만

년 전부터 아이를 낳아 온 여성들을 대상으로 연구하는 대신 생쥐들을 연구한다. 인간에게 옳고 그른 것이 무엇인지 가르쳐 줄 존재가 생쥐라는 것이다. 그들은 생쥐 연구를 위해 실험실을 만들고 거기에 가공할 만한 중요성을 부여한다. 그런데 태초부터 창조된 실험실, 인간이 만든 실험실보다 훨씬 더 잘 구비된 자연이라는 실험실은 그들에게 하나도 중요하지 않다. 이렇듯 사람들은 생쥐들의 증언을 필요로 한다. 오늘날은 생쥐가 인류를 가르치는 꼴이다. 여성들은 뭐란 말인가? 모욕적인 일이 아닌가? 여성들이여, 어째서 분개하지 않는가?

생쥐들은 내 관심의 대상이 아니다. 나는 단지 임신부들만 관찰했다. 또 수년이 지난 후 그들의 아이들도 관찰했다. 그 결과 나는 임신부의 트러블이나 동요, 근심이 임신 몇 개월째에 일어났느냐에 따라 아이 인생에 반영되는 시기가 결정된다는 사실을 알게 되었다. 그런데 사람들은 생쥐들한테서 해답을 기다리며 지구를 끔찍한 존재들로 가득 채우고 있는 중이다. 생물학자들이 생쥐한테 맞는 것은 사람한테는 더더욱 맞는다는 사실을 이제 알아냈다고 하자. 그렇다 해도 너무 늦었다. 인류를 재교육시키려면 인간의 더딘 방법으로는 수 세기는 더 걸릴 것이다. 게다가 여성들이 생쥐 연구 결과의 혜택을 볼 수 있도록 그들이 무언가 하리라 기대할 수도 없다. 그들은 계속 생쥐한테만 몰두하고, 여성들에게 임신 기간 중 해야 할 일들은 결코 가르치지 않을 것이다.

그래서 나는 전 세계 여성들에게 이렇게 호소하는 바이다.

"사랑하는 자매들이여, 신께서 여러분에게 맡긴 이 숭고한 과업에 관심을 기울이라. 여러분은 인류를 새롭게 할 수 있는 놀라운 비결을 지니고 있는 자들이다. 그런데 여러분은 그 사실을 모르고 있다. 이런 비결을 가지고 있으면서 아무것도 안하고 있다니…… 이제 여러분의 사명을 깨달으라. 남성들도 여러분이 이 숭고하고 마법적인 작업을 성취할 수 있도록 가능한 한 더 좋은 조건을 마련해 주려고 노력할 것이다."

물론, 많은 여성들은 내 말을 듣고 이렇게 말할 것이다.

"수 세기 동안 우리 여성들은 사랑과 선을 실천했습니다. 하지만 남성들은 우리를 이해해 주기는커녕 무시만 했지요."

맞다. 나도 알고 있다. 남성들은 대부분 이기적인 아이들처럼 행동한다. 하지만 남성들이 그렇게 된 것은 여성들이 어머니 역할을 잘 못했기 때문이다. 아기가 배 속에 있을 때 영적 전기도금의 법칙을 적용하지 않아서이다. 그래서 지금 여성들은 자신들이 저지른 잘못이 낳은 결과를 감수하고 있는 중이다.

여성들은 자연이 부여해 준 능력을 사용하지 않거나 잘못 사용하고 있다. 여성들은 자신의 능력을 자각해야 한다. 인류의 미래 전체가 자신들에게 달려 있다는 점을 깨달아야 한다. 만일 여성들이 내 말을 이해하게 된다면, 여성들은 세상에서 상상을 초월하는 능력자가 될 것이다. 그 무엇도 그들에게 대항하지 못할 것이다. 여성들은 이 엄청난 이상을 위해 단합해야 한다. 지금은 이기적인 일을 도모할 때 외에는 단결하지 않는다. 그래서 여성들은 아직 진정한 힘이 없다.

이제 지구의 모든 여성들은 인류를 새롭게 만들겠다는 의지를 가지고 서로 단결해야 한다. 지성과 능력에도 불구하고 남성들은 이 영역에서 그다지 대단한 역할을 할 수 없다. 이 사명을 받은 사람은 여성, 어머니다. 자연은 태어날 아이에게 영향을 줄 수 있는 힘을 여성에게 부여했기 때문이다.

그래서 나는 여러분, 우리 형제회의 모든 자매들에게 이 숭고한 사명을 깨달아 세계 도처에 있는 아직 무지한 자매들을 계몽시키라고 당부하는 것이다. 여러분이 품은 저 높은 이상과 쓸모 있는 사람이 되려는 바람은 여러분의 마음과 혼과 영을 충만케 할 것이다. 항상 영감을 받고 있으며, 확장되고 있으며, 풍요롭다고 스스로 느끼게 될 것이다. 인류 행복에 기여하겠다는 이 이상이 여러분을 지지해 주고 여러분을 살찌우기 때문이다. 여러분의 영혼 속에

이 이상이 없는 한, 여러분을 만족시켜 줄 수 있는 것은 없다. 무엇을 소유하든 똑같은 공허, 똑같은 불만 상태에 머물러 있게 될 것이다.

신이 여러분에게 주신 사명을 성취하고, 하늘이 여러분에게 기대하는 일을 하겠다는 생각만이 오직 여러분을 빛나고 환하고 행복하게 만들어 줄 수 있을 것이다.

Ⅳ장
여러분의 자녀는 여러분이 돌보라

자녀교육에 도움이 된다고 할 수 없는 많은 변화가 사회 안에 일고 있다. 예컨대, 갈수록 많은 여성들이 직장 생활을 한다. 남성들처럼 자립적이 되고 싶은 것이다. 직장이 자립성을 부여하기 때문에 여성들은 직업을 가지려 한다. 하지만 직업은 여성들로 하여금 아이들에게 소홀할 수밖에 없도록 만든다. 흔히 아이들이 학교에서 돌아오면, 부모는 둘 다 직장에 있고 집에는 아무도 없다. 그래서 아이들은 자기가 할 수 있는 만큼 스스로 알아서 한다. 부모에게 점점 더 이방인이 되어 가는 아이들은 부모로부터 멀리 떨어져서 어리석은 짓을 하는 데는 알아서 아주 잘한다.

어머니들이 일을 하면 안 된다고 주장하는 것이 아니다. 자녀교육의 새로운 풍속도가 빚어낸 결과를 확인하는 것뿐이다. 나한테 교육자적 자질이 있기에 이 결과는 내 눈에 보일 수밖에 없다. 사실 나는 어떤 충고도 하고 싶지 않다. 각자 개인적으로 문제를 해결해야 할 것이다. 하지만 나는 가정에서 아이들한테 어머니의 존재를 대신해 줄 수 있는 사람은 아무도 없다고 생각한다. 물론 어머니가 참으로 어머니다운 모습으로 존재하며 진정한 교육자로서의 역할을 하는 경우라면 말이다.

여러분은 이렇게 말할 것이다.

> "네, 그러나 사고방식의 변화는 산업화와 기술발전에서 비롯된 것이지요."

사람들은 당연히 외부 요인에 책임을 돌린다. 과연 기술발전이 불가피하게 인간을 재앙적 상황으로 몰고 간 장본인일까? 아니다. 무지, 이기심, 욕심 때문에 인간들 스스로 이런 처지에 놓이게 된 것이다. 사람들은 늘 환경을 탓한다. 그렇다면 이 환경은 누가 만들었는가? 환경은 하늘에서 떨어지지 않았다. 기술발전 그 자체는 좋은 일이다. 하지만 기술발전은 사람의 수고를 덜어 주는 일만 할 수 있다. 무엇을 위해 인류가 기술발전을 하고자 노력했던가? 지금 와서 자신들의 모든 에너지를 탕진하고 파멸을 자초하려고 그리 했던가?

아무튼, 부모가 바쁘다는 핑계로 아이들을 혼자 방치하거나 가정부나 이웃 등 다른 사람들한테 맡기는 것을 정당화해 줄 수 있는 이유는 존재하지 않는다. 왜 아이들을 낳았는가? 돌봐 줄 수 없다면 아이가 영혼으로 있었던 그곳에 그냥 놔두는 편이 더 나았을 터이다. 이런 부모들은 레슨을 받게 될 것이다. 레슨을 해 줄 사람은 부모에게 고통을 안겨줄 자식들이다. 부모는 영혼들을 이 땅으로 불러들여 몸을 준 이상 잘 돌봐 줘야 한다. 남의 손에 맡겨 키워서는 안 된다. 신은 알고 계신다. 이런 부모들은 아이들에게 어리석음뿐 아니라 추악함까지 주입시킨다는 사실을. 더 이상 상세하게 논하지 않겠다.

매우 분별력 없는 부모들도 종종 있다. 어떤 어머니는 자기가 젖을 주는 대신 젖이 많은 아무 여자에게나 젖을 주라고 아이를 맡긴다. 젖을 주는 여자의 질병이나 부덕함이 젖을 통해 아이에게 옮길 수 있다는 점은 아랑곳하지 않는다. 아이는 젖을 통해 젖을 주는 여자의 기질을 받을 수 있다. 그러므로 아이를 낳은 어머니가 젖을 주는 것이 매우 중요하다. 젖을 주면서 사랑을 듬뿍 주려고 생각하는 것 또한 중요하다. 그렇게 어머니 젖을 먹은 아이는 절대 어머니를 실망시키지 않을 것이다. 절대 어머니에게 고통을 주지 않을 것이다. 아이가 젖과 함께 어머니의 사랑도 먹었기 때문이다.

매우 흥미로운 점이 있다. 어머니는 아기를 태어나기 전에는 피로 키우고 태어나면 젖으로 키운다. 상징적으로 붉은색의 피는 생명, 힘, 활력을 나타낸다. 그리고 흰색의 젖은 평화와 순수를 나타낸다. 피로 상징되는 순전히 생체적인 성향을 젖이 상쇄시켜 주는 조화의 원리라 하겠다. 따라서 자기 어머니 젖을 먹고 크지 않은 모든 아이들은 훗날 이상적인 자기실현을 하기가 힘들다. 다른 여성의 젖이나 동물의 젖은 어머니의 젖과 동일한 성분을 함유하고 있지 않기 때문에 조화의 원리가 바람직하게 작용할 수 없다.

젖을 먹이는 어머니는 젖을 통해 아이 성장에 절대적으로 필요한 사랑과 애정을 아이에게 준다. 그러므로 어머니가 화나 있거나 기분이 나쁠 때는 젖을 먹이지 말아야 한다. 이 부정적 상태가 젖을 오염시키고, 그 젖을 통해 신체적 · 정신적 질병을 초래하는 요소들이 아이에게 전해질 수 있기 때문이다. 따라서 어머니들은 아주 조심하고 항상 가능한 만큼 최상의 상태에서 수유할 태세를 갖추어야 한다.

많은 어머니들이 미적인 이유나 그 밖의 하찮은 이유로 아이에게 우유병을 물리거나 다른 사람에게 젖을 주라고 아이를 쉽게 맡긴다. 그동안 자기는 무도회나 파티, 각종 모임에 참석한다. 그리고 남자들, 즉 남편이나 애인을 위해 젖가슴을 보존하는 것이 더 바람직하다고 느낀다. 그들은 아이에게 젖을 물리면 가슴이 망가진다고 생각한다. 오늘날 이 영역에서 일탈과 혼란이 극심하다.

그 결과 갈수록 많은 아이들이 자기 부모한테 이방인이 되어 간다. 부모와 멀어진다. 아이들을 사랑으로, 어머니 젖으로 기르지 않아서이다. 내가 꾸며낸 이야기가 아니다. 내가 하는 말을 믿으라. 다 검증된 사실이다.

젖을 주는 어머니는 의식을 밝히고 아이를 생각하며 아이에게 말을 건네면서 자신의 마음과 영혼, 자신의 에센스의 일부를 아이에게 줄 수 있어야 한다. 이런 어머니의 젖을 먹은 아이는 언제나 어머니를 사랑할 것이다. 어머니가 무식해도 못생겨도 무척 사랑할 것이다. 아이는 사랑 안에서 잉태되어야 하며 사랑 안에서 젖을 먹어야 한다. 아! 안타깝게도 어머니들은 아직 넓은 의식, 비개인적 의식을 충분히 가지고 있지 않다. 교육자로서의 사명의 중대성을 깨닫지 못한다. 진정한 교육학에 관심을 갖는 사람이 없다. 바로 그래서 지금 모두 표류하고 있는 것이다.

다른 사람에게 맡겨져 어머니, 아버지 사랑이 턱없이 부족했던 이 모든 아이들이 어떻게 되나 보라. 미국 길거리에서 그런 아이들이 쉽게 발견된다. 그들은 거기서 돈을 줄 테니 같이 자러 가자고 하는 남자들을 기다린다. 여덟 살, 열 살, 열두 살짜리 아이 수백 명이 지금 몸을 팔기 위해 손님을 끌고 있다. 이전에는 특히 소녀들이 많았는데, 지금은 아주 어린 소년들도 있다. 그 아이들에게 묻는다.

"왜 이 남자들을 따라가니?"

아이들의 대답은 이렇다.

"우리에게 친절하니까요. 꼭 돈 때문만은 아니에요. 그 아저씨들은 우리에게 애정을 준답니다. 부모님은 우리를 때리고 내쫓아요. 그나마 이제는 우리 곁을 아주 떠나버린 걸요."

아이들에게는 정말 사랑이 필요하다. 프랑스에서도 똑같은 일이 벌어지기 시작한다면? …… 우리에게도 틀림없이 이런 일이 닥쳐온다. 미국에서 일어나는 모든 일은 조만간 프랑스에서도 일어나고야 만다.

여러분 스스로 여러분의 자녀들을 돌보라. 나는 요즈음 교육은 쓸모없다고 생각하는 부모가 많다는 사실을 잘 알고 있다. 그들은 아이가 외부 개입을 받지 않고 혼자 성장하도록 내버려 둬야 한다고 믿는 데 이르렀다. 외부 개입이 오히려 아이의 고유한 특성을 해칠 위험이 있으며, 아이의 장점은 자유로움 속에서 저절로 드러난다고 주장한다. 너무 잘못된 관점이다. 아이들 각자 속에는 천국과 지옥이 둘 다 잠재해 있다. 아이의 미래는 부모가 아이 안에 있는 어떤 성향들을 깨우고 계발해 주려 노력하느냐에 달렸다. 나는 언젠가 여러분에게 이런 예를 들어 준 적이 있다. 지극히 순수하고, 지극히 순진무구하고, 교육도 아주 잘 받은 어린 소녀가 있다하자. 소녀는 아주 사소한 어리석은 짓도 못할 것처럼 보인다. 하지만 그 소녀를 흥분시키고 성적 본능을 깨우는 상황 속에 넣어 보라. 이 천사 같은 피조물이 저지를 수 있는 짓들을 여러분이 본다면 아연실색할 것이다. 각 사람한테는 어떤 선도, 어떤 악도 모두 행할 수 있는 잠재력이 숨어 있다. 그 사람을 어떤 상황 속에 넣느냐, 그 사람 안에 있는 어떤 성향들을 깨우느냐, 이것이 문제이다.

인간의 본성은 두 측면, 두 모습을 가지고 있다. 하나는 천국적이고 다른 하나는 지옥적이다. 어떤 교육 방식을 사용하느냐에 따라 부모가 이것 또는 저것을 조장한다. 주의하지 않으면 아이가 어떻게 될지 모른다. 특히 아이의 교육이 끝나기 전에는 매우 신중해야 한다. 아이는 성장하는 동안, 교육받는 동안 길을 찾으려는 에너지로 가득 차 있다. 맹목적인 자신감을 갖거나 꼬마 천사를 낳았다고 믿을 때가 아니다. 그렇나. 만일 여러분이 신중하고, 현명하고, 사려 깊다면 아이는 천사가 될 수도 있다. 하지만 여러분이 무지하거나 부주의하면 마귀 같은 아이로 자란 모습을 여러분의 두 눈으로 똑똑히 보게 될 것이다.

Ⅴ장
모성애의 새로운 이해

I

영적인 생활을 제일 우선순위에 두는 아가씨라면 무엇보다 기도와 명상에 힘쓴다. 열심히 수행하며 스스로 세운 지고한 이상에 가능한 한 가까이 가려 노력한다. 그런 그녀가 결혼을 하고 아이가 생겼다 이제는 부부생활, 가정생활, 아이를 우선순위에 두고 나머지는 모두 포기해 버린다. 이런 태도를 한번 분석해 보자.

물론 모든 사람이 이 젊은 여자를 칭찬할 것이다. 아이를 위해 영적 생활을 포기하는 것이 정상이라 여길 것이다. 어머니이고 자기 자식이니까. 모든 아버지들과 모든 어머니들은 그녀가 옳다고 할 것이다. 어머니 눈에 아이보다 더 중요한 것은 없다. 아이를 위해서라면 어떤 신성한 법칙을 위반해도 무방하다. 혹시 아이가 병이 나거나 죽기라도 하면, 그녀는 신께 따지려 들것이다. 신이 불의하고 잔인하다며 원망할 것이다. 이것이 우리가 사랑을 이해하는 방식이다. 이런 사랑을 두고 모든 사람이 감탄한다. 하지만 나는 아니다. 주님을 망각할 정도로 여자가 아이에게 집착한다면, 실은 자기 자신만 사랑하는 것이다. 자기만 생각하고 아이 생각은 안 하는 것이다.

그렇다. 명백하다. 아이한테 전념하느라 천상에서 멀어진다면 그녀는 진정한 생명인 신성생명으로부터 아이를 떼어 놓는 것이다. 빛과 평화의 무한 공간으로부터 아이를 끌어내리는 것이다. 그러면 아이는 그곳의 혜택을 누리지 못하게 된다. 그녀의 맹목적 사랑이 아이가 행복하고 안전할 뿐 아니라 영원히 죽지 않을 수 있는 유일한 장소를 떠나게 만드는 것이다. 그녀는 자기가 아이를 구원한다고 믿지만 실은 지옥으로 인도할 따름이다. 아름다움과 조화를 벗어나 아이를 붙잡고 있기 때문이다. 이는 아주 오래도록 사회에 잔존해 있는 오해에서 비롯되었다. 아이를 사랑하는 어머니라면 모든 피조물이 피어나는 천상으로부터 아이를 끌어내리면 안 된다. 아이 생각만 하겠다고 신을 망각한다면 빛나는 영역에서 온 요소들, 신성 그 자체에서 온 그 측량할 수 없는 요소들이 이제 그녀의 상념 밖으로 사라진다. 그러면 그녀는 죽은 양식으로 아이를 기를 수밖에 없다.

신께 가까이 가는 습관을 간직하지 못한 어머니는 아이를 떠어난 존재로 만들어 주는 살아 있는 입자들, 빛나는 입자들을 아이에게 뿜어 줄 수 없다. 그녀는 너무 가난해서 아이에게 줄 수 있는 것이 아무것도 없다. 그녀의 그저 평범한 사랑이 평범한 아이를 만들 뿐이다. 어쩌면 아이는 건강하게 자라 물질적으로는 꽤 잘살게 될지 모른다. 하지만 신이 계신 곳에서 멀리 떨어져 양육된 아이는 보잘것없는 사람으로 남는다. 반대로 비전학의 가르침을 받은 어머니는 신께 나아가 이렇게 기도할 것이다.

> "주님, 당신께 가까이 가오니 제 자식을 위해 천상의 빛과 건강과 아름다움을 제게 주소서."

아이에게 다시 돌아온 후, 그녀는 보통 어머니들은 결코 경험해 보지도 느껴 보지도 못한 요소들을 아이에게 넣어 준다. 보통 어머니들은 시간이 없다고 말한다. 아니다. 그들의 이기적 사랑이 그들로 하여금 그런 철학을 갖도록 만들었을 뿐이다. 그래서 세상은 계속 시시한 사람들로 넘쳐난다.

어머니라면 생명력을 받아 자식에게 전해 주기 위해, 신께 가까이 가기 전에는 아이를 돌보면 안 된다. 왜 겨우 수 분간 아이를 떠나는데 아이가 죽을 거라 상상하는가? 그렇지 않다. 설사 어머니가 신께 가 있는 동안 아이가 죽을 위험에 처한다 해도 어머니는 돌아와서 아이를 구할 수 있다. 하지만 아이 곁에 머무르겠다고 신께 가기를 게을리한다면, 아이에게 무슨 일이 생기는 날 아이를 위해 해 줄 수 있는 게 없다. 부모가 배움을 위해 때로 가족을 감히 떠나지 못할 정도로 가족에게 집착한다면 가족을 변화시킬 수도, 진정 행복하게 해 줄 수도 없다. 가족들 곁에 너무 가까이 있는 한 가족들을 변화시킬 수 없다. 중요한 것은 물리적으로 가족을 떠나는 것이 아니다. 개념적으로 떠나는 것이다. 즉 잘못된 방식으로 가족들을 사랑하고 이해하는 태도를 버리라는 것이다. 그런데도 여러분은 떠나라는 말에만 집중하여 이렇게 반응할지 모른다.

"가족을 떠나라니요, 그건 우리 아이들한테 오히려 해가 되는 캠페인 아닌가요?"

전혀 그렇지 않다. 여러분이 자식을 사랑하는 것보다 내가 그들을 더 사랑할 수도 있다. 검증해 볼 만한 일이다. 그렇다. 이 중에 여러분의 아이들을 사랑하는 유일한 누군가가 있다면 그건 여러분이 아니라 나일 것이다.

어느 날 어떤 아들이 어리석은 짓을 하기 위해 어머니한테 돈을 요구했다. 주지 않으면 스스로 목숨을 끊겠다고 협박까지 했다. 그러자 어머니는 단호하게 말했다.

"아들아, 가라, 가서 죽어라. 이 땅에는 너 같은 사람 필요 없다. 나는 네가 고상하고 위대한 인물이 되기를 바랐는데 너는 마치 범죄자처럼 행동하는구나. 어서 자살하러 가거라. 그게 더 낫다. 나는 네가 없어지면 하늘에 감사할 거다."

이런 담대함 때문에 아들은 처음으로 정신을 차리게 되었다. 그리고 착한 사람이 되었다. 수년 후 그는 이렇게 고백했다.

"우리 어머니가 나를 구원해 주셨죠."

만일 그 어머니가 자기 머리를 쥐어뜯으며 아들에게 돈을 주었다면 아들은 범죄자가 되었을는지 모른다.

"오, 가엾은 우리 아들. 그러지 마라, 돈 여기 있다."

대부분의 부모들이 그런 식으로 자식을 대한다. 눈먼 동정심, 나약함, 너그러움 때문에 자식을 범죄자로 만든다. 그리고는 말한다.

"네, 하지만 우리는 자식을 사랑합니다……."
"우리는 자식을 사랑합니다."

그들은 이 말로 자신들의 교육적 · 심리적 결함을 정당화하려 한다. 사랑을 그런 식으로 이해한다.

실은 이렇게 말해야 적합할 것이다.

"우리는 얼마나 나약하고 어리석은지 몰라요."

그런데 계속 말한다.

"우리는 자식을 사랑합니다."

그 말을 안 믿는 사람은 나 하나뿐이다.

"우리는 자식을 사랑합니다."

이 말이 나에게는 이렇게 들린다.

"우리는 바보예요."

맞다. 정말 그렇게 들린다.

아브라함은 이삭을 사랑했다. 하지만 이삭을 희생 제물로 바치는 것을 수락함으로써 아들보다 신을 더 사랑한다는 사실을 증명해 보였다. 신을 더 사랑하는지, 자식을 더 사랑하는지 우리에게 묻는 물음은 항상 있어 왔다. 이 경우, 아브라함에게도 바로 이 질문이 던져진 것임을 부모들은 절대 짐작 못한다. 그러니까 신이 아브라함을 시험하고자 질문하신 것이다. 그래서 아들을 바치라고 요구하셨다. 여러분은 이렇게 말할 것이다.

"뭐라구요?"

"주님이 아브라함의 사랑을 가늠할 정도의 선견지명도 없었단 말입니까?"

"그것을 확인할 필요가 있었단 말입니까?"

아니다. 주님은 아브라함이 어떻게 할지 미리 알고 있었다. 그의 마음과 생각을 주님은 다 알고 있었다. 그런데 아브라함 자신은 자기한테 무엇이 제일 대단한지 모르고 있었다. 이제 아브라함은 그것을 알아야 했다. 그래서 신이 그런 시험을 주신 것이다. 시험은 주님이 알고 싶어서가 아니라 아브라함에게 그것을 가르쳐 주기 위해 마련된 것이었다.

신이 우리에게 주시는 모든 시험의 목적은 우리로 하여금 우리 자신을 알게 하려 함이다. 우리는 자신이 얼마나 강하고 현명하고 힘이 세고 선한지, 혹은 나약하고 어리석은지 모른다. 사람들은 스스로 속아 이렇게 말한다.

"나는 이것을 극복했어, 저것을 극복했어……."

"나는 주님만 사랑해."

하지만 아주 작은 시험 앞에서도 쉽게 항복하고, 왜 그런 일이 일어났는지 도무지 이해하지 못한다. 하지만 아브라함은 그 무엇보다 주님을 사랑했다. 신이 자신에게 아들을 주셨기에 또한 그를 데려 가실 수도 있음을 알고 있었다.

그런데 왜 어머니들은 아브라함처럼 그런 식으로 따져보지 않을까? 그들은 주님을 저버리면서까지 자식을 구원하겠다고 한다. 아이의 안전이 어머니의 보호로 충분하다고 생각한다. 위대한 보호

자한테 등을 돌려 자기 자신도 보호받지 못하는 주제에 어떻게 자식을 보호할 수 있다고 하는지! 참으로 오만이요, 자만이다.

진정한 비전가秘傳家*였던 아브라함은 주님의 명령을 거역하지 않았다. 그는 아들을 제물로 바칠 각오가 되어 있었다. 신은 살생을 즐기는 괴물이 아니기에 마지막 순간 숫양으로 이삭을 대신토록 하셨다. 이제 아브라함은 주님에 대한 자신의 사랑이 어디까지 갈 수 있는지, 또 자신이 어떤 희생까지 치를 수 있는지 알게 되었다. 그것으로 충분했다. 아브라함과 똑같은 희생을 감수할 용의가 없는 어머니는 첫째, 현명한 어머니가 아니다. 둘째, 너무 오만한 어머니다. 자식이 죽어야 할지, 살아야 할지, 이 문제를 어떻게 감히 자기가 주님보다 더 잘 안다고 상상할 수 있단 말인가? 사랑에 대한 이렇게 평범한 개념을 가지고는 자식을 진정으로 도울 수 없다. 자식을 빛으로 인도하기는커녕 오히려 반대로 빛에서 멀어지게 만들 것이다. 그런 어머니의 생각 속에는 자기 사랑이 최우선이고 자기 사랑이 전부다. 그러면 안 된다. 그 과오에 대한 대가를 어떤 식으로든 치러야 할 날이 온다. 자기 의무를 다하지 못했기 때문이다. 그녀의 의무는 하늘에 머무르며 자식 역시 하늘로 인도하는 것이다.

---

* 비의적秘儀的 영적 진리를 탐구하며 실천하고 가르치는 자.

자식이든 부인이든 남편이든 그 누구 때문이라도 결코 하늘을 등져서는 안 된다. 우리가 하늘에 머물러 있을 때, 오직 그때만 그들에게 도움을 줄 수 있다. 상징적으로 표현하자면 말이다. 누군가를 기쁘게 해 주려고 빛을 떠난다면 하늘도 땅도 차지하지 못할 것이다. 주님도 없이, 또 그토록 큰 희생을 치르며 집착했던 사람들도 없이 여러분 홀로 남게 될 것이다. 먼저 하늘을 구하라. 그러면 땅도 얻으리라. 땅은 언제나 하늘을 따라가게 되어 있다. 그렇다. 땅은 하늘을 따라온다. 하늘을 섬기러 온다.

언제나 감상벽과 눈먼 집착에 의해 지배당하면 다른 사람들을 돕지 못할 뿐 아니라 스스로도 고통을 겪게 된다. 이런 고통을 피하려면 지성과 지혜 그리고 신을 우선시해야 한다. 그때 비로소 여러분이 사랑하는 것들이 모두 진짜 여러분의 것이 된다. 신의 뜻에 맞게 여러분이 사랑하는 모든 아이들은 여러분의 자식이다. 그 아이들은 자식을 어리석게 사랑하는 친어머니보다 어쨌든 더 여러분의 자식임이 분명하다. 여러분은 이렇게 반박할 것이다.

"그건 불가능해요. 혈연관계인데요."

혈연관계가 가장 강한 관계는 아니다. 내 말을 믿으라. 관계에도 여러 차원의 관계가 존재한다.

아이든 남자든 여자든 상관없이 여러분이 제대로 사랑하는 사람들, 오직 그 사람들만 여러분의 것이다. 겉으로는 혈육관계가 가장 강한 관계처럼 보인다. 그러나 실제로는 한 가족 구성원들 사이에 서로 어떤 유사성도 없는 경우가 빈번하다. 소속된 영적 가족이 다르기 때문이다. 이를테면 육적으로는 농부 가문에 속하지만 영적으로는 왕족 가문의 일원일 수 있다. 반대로 육신은 왕족의 자식이지만 실제로는 극빈자나 거지 가문에 속할 수도 있다.

자기 가족을 진실로 사랑하는 어떤 가난한 가장의 행동을 살펴보자. 돈을 벌기 위해서라면 그는 가족을 잠시 두고 외국까지 가는 용기를 낸다. 반대로 그런 사랑이 없는 사람은 떠날 용기를 못 낸다. 얼핏 첫 번째 사람은 가족을 버린 것처럼 보인다. 실은 가족을 도울 목적으로 잠시 버리는 것뿐이다. 돈을 벌러 외국으로 떠나지만 귀국 후에는 온가족이 모두 행복해질 것이다. 반대로 가족을 떠나려 하지 않는 가장은 자신과 더불어 온 가족을 빈곤 속에 방치하는 사람이다. 완벽한 아버지와 어머니는 때로 자식을 버린다. 가정도 버린다. 명상과 기도를 통해 외국으로 간다. 외국, 즉 신성 세상으로 가서 부를 축적하고 돌아오면 온 가족 모두 호사를 누리게 된다. 반대로 이해가 부족한 사람은 그냥 가족 곁에만 머물러 있는다. 그가 가족들에게 줄 수 있는 것은 과연 무엇일까? 하찮은 것들뿐이다. 벽장에 남아 있는 곰팡이 슬은 빵 껍데기나 줄 수 있으려나!

완벽한 아버지와 어머니는 외국에 가서 얼마 동안 머물까? 경우에 따라 다르다. 삼십 분, 한 시간…… 어쩌면 하루, 또는 세 달…… 집에 다시 돌아왔을 때 그들은 가족 앞에 재물을 쏟아낼 것이다. 알다시피 나는 여러분이 온갖 논리로도 흔들 수 없는 기막힌 논거를 가지고 있다. 만일 동의하지 않는 어머니들이 있다면 나와 논쟁하러 오라. 나는 이렇게 말하려고 한다.

> "여러분은 자식을 사랑한다고 자처합니다. 정말 그런지 잘 분석해 보세요. 정말 사랑한다면 적어도 십 분이고, 삼십 분이고 '외국'으로 떠나세요. 그때 비로소 자녀들의 삶이 풍성해질 겁니다."

II

어머니는 자식을 위해서라면 무엇이든 한다. 사랑해 주고 밤낮으로 보살펴 준다. 그런데 어째서 아이는 평범한 아이로 머무는 걸까? 심지어 후일 불량배나 범죄자가 되는 아이도 있다.

그 이유는 어머니가 자신의 사랑을 지고한 영역으로 투사하는 법을 모르기 때문이다. 그곳에서 후일 아이에게 필요한 특별한 요소들을 취해 아이에게 주입해야 하는데 말이다. 이 요소들은 아이가 비범한 인물이 될 수 있도록 아이를 위해 일하는 입자들이다. 편협한 영성과 무지와 세속적 관심사뿐인 어머니가 후일 자식이 훌륭한 일을 하고 사회와 전 인류를 위해 공헌할 수 있도록 키우는 데에 꼭 필요한 요소들을 어떻게 얻을 수 있겠는가?

어머니가 높은 지역까지 상승하여 빛나고 순수하고 영원한 입자들을 모으려 애쓰지 않는다면, 어머니가 무엇을 하든 언제나 아이에게 평범한 것밖에 줄 수 없다. 중요한 것은 양이 아니라 질이다. 어머니는 질이 높은 것을 추구해야 한다. 수학 영역에서와 같다. 2차원 도형의 수를 아무리 늘려도 3차원 형체가 될 수 없고, 3차원 형체가 아무리 많아도 4차원 형체가 될 수 없다. 그러니까 평범한 사람이 아무리 많아도 천재가 될 수 없고, 천재가 아무리 많아도 신성한 인물이 될 수 없다는 뜻이다. 신성한 인물을 예비하려면, 영적인 세상, 신성한 세상 속에만 있는 특별한 요소들을 첨가해야 한다. 이 점을 반드시 이해해야 할 것이다.

그러므로 어머니들이여, 자식을 위해 영적인 작업을 하라. 이따금 수 분간, 하루에 여러 번, 상념과 기도를 통해 신 앞에 나아가 이렇게 간구하라.

> "주님, 주님이 제게 주신 이 아이가 당신의 종이 되기를 바랍니다. 그러기 위해서는 주님한테만 있는 특별한 것들이 필요합니다. 그것들을 제게 주세요. 그리하지 않으시면 이 아이는 선한 일은 하나도 할 수 없어 아이나 주님이나 제게 아무런 득이 되지 못할 것입니다."

주님은 머리를 긁적이며 종들을 불러 이 어머니의 소원을 들어주라는 명을 내릴 것이다.

여러분은 나의 설명 방식이 독특하여 놀랐을는지 모른다. 가톨릭 · 문학 · 철학 · 학술, 어떤 방식으로 설명한들 무슨 상관이랴. 중요한 것은 여러분이 이해하고 진보하는 것이다. 나는 정말 어머니들을 위해서라면 무슨 일이든 다 하고 싶은 마음이다. 어머니들의 희생 능력 때문에 나는 그들을 매우 존경한다. 하지만 그들의 의식은 더 확장되어야 한다. 자식을 위해서 새로운 방법, 곧 영적인 방법으로 작업하는 법을 배워야 한다. 그들은 자신의 보살핌이나 희생이면 충분하다고 생각하지만 실은 어떤 것도 결코 충분하지 않다. 언제나 입자들, 힘들, 그리고 천상의 권능들을 추가해야 한다. 날마다 그런 요소들을 먹고 큰 아이, 그런 요소들이 스며든 아이야말로 장차 온 세상을 놀라게 할 아이이다.

여러분은 신께 가까이 나아가기가 쉽지 않다고 말할 것이다. 그것도 자기를 표현하는 하나의 방식일 뿐인데 말이다. 상념을 통해 이미 천상 세계와 연결된 어머니는 더욱 정묘한 성질의 요소들을 끌어와 아이에게 투사해 준다. 우리는 종종 어머니의 사랑이 아이를 죽음에서 구해낸 경우를 목격하곤 한다. 그렇다. 그 사랑이 너무도 강력하여 아이 속에 변화를 일으키는 것이다. 강력한 사랑의 흐름 덕분에 그 많은 해로운 요소들이 제거되고 아이는 무사하다. 물론 예외적인 경우들이다. 그렇게 드라마틱한 상황이 아니더라도 일상에서 자식에게 사랑을 보여 줄 기회는 많다.

우리가 새벽 일출 명상을 할 때 매일 아기를 바위산으로 데려오는 어머니들을 보면 나는 매우 감동받는다. 그들에게 아이에게 이로운 아주 좋은 작업 방법을 알려주고 싶다. 예컨대, 아이를 달래고 재우기 위해서든 아무튼 뭔지 모를 목적으로 아이를 이리저리 데리고 다니지 말고 한 장소에 편안히 앉으라. 그리고 아이에게 말하라.

"너는 나의 보물, 나의 사랑, 나의 광채란다."

어머니가 이렇게 말만 해도 빛이 아이를 감싼다. 그러면 여러분은 마치 태양이 그리하듯 사랑을 아이 속에 스며들게 할 수 있을 뿐 아니라, 사랑의 힘으로 천사들과 대천사들까지 초대할 수 있다. 또한 이런 기도를 하며 아이가 광채 속에 잠겨 있는 모습을 상상하는 것도 좋은 방법이다.

"주님, 이 아이가 당신의 종이 되기를 바랍니다. 아름답고 똑똑하고 밝고 빛나고 건강하게 되기를 바랍니다."

여성은 강력한 상상력을 갖고 있어서 그 상상력으로 아이를 잘 빚을 수 있다. 이렇게 상상력을 이용하면 어머니의 모든 감정과 바람이 아이의 에테르체, 아스트랄체, 멘탈체에 기록되기 때문에 진보 중에 있는 아이에게 엄청난 도움이 될 뿐 아니라, 둘 사이에 아주 강력한 유대관계가 형성된다.

요즘 흔히 목격되는 부모 자식 간 단절의 주요 원인들 가운데 하나는 부모가 자기 고유의 진동으로 아이에게 영향 끼치는 법을 모른다는 것이다. 그들은 자신의 사랑, 지혜, 힘, 생명을 아이 속에 스며들게 할 줄 모른다. 어째서 어머니들은 일찍이 그것을 알지 못할까. 사실 어떤 때는 좀 알기도 한다. 아이가 아프거나 어머니에게 달려와 안길 때는 아이를 향한 사랑이 조금은 일어난다. 하지만 그런 사랑은 효과가 크지 않다. 곧바로 다른 감정들로 교체되기 때문이다. 어머니들이 의식적으로 지혜롭게 작업하는 경우는 너무 드물다. 어머니들이 그런 작업을 할 수 있는 좋은 기회가 바로 일출명상이다. 명상 후 그들은 사랑으로 말미암아 피곤을 모르게 된 자신을 발견하고 깜짝 놀라게 될 것이다. 사랑은 모든 뇌세포들을 깨우고 자극하기 때문이다.

다른 강연회에서 이미 나는 생각과 말의 위력에 대해 언급한 적이 있다. 그때 요람에서 자고 있는 아이에게 말을 해 줌으로써 선한 영향을 줄 수 있는 방법을 소개하였다. 잠든 아이는 듣지도 못하고 이해하지도 못하지만, 아이가 더 자라면 우주의 법칙에 따라 여러분이 아이 내면에 기록해 놓은 모든 것들은 싹이 틀 것이다. 여러분의 말은 기록된다는 확신을 갖고 아이에게 선과 진리와 윤리규범에 대해 말해 주라. 더구나 여러분이 하는 말을 아이가 이해할지 못할지 누가 안단 말인가? 아이는 단지 신체기관이 완전히 형성되지 않아 자기표현 능력, 이해하고 있다는 사실을 드러낼 능력이 없는 것뿐이다.

심지어 장애아들조차 실은 다른 아이들과 똑같이 강하고 똑똑한 영이다. 다만 뇌와 신체가 손상되어 자기표현을 하지 못할 뿐이다. 이 세상의 가장 위대한 명연주가에게 조율되지 않은 피아노를 주어 보라. 그가 연주할 수 있겠는가? 물론 아니다. 그는 여전히 전적으로 유능한 피아니스트이다. 엉망 상태에 있는 것은 피아노이다. 뇌는 바로 피아노와 같다. 영은 뇌라는 악기를 통해 자신을 표현한다. 악기가 조율되어 있지 않으면 피아노 주인이 아무리 천재 또는 명연주가라 해도 무용지물이다. 그 피아노로는 연주할 수 없다. 아마 아이들도 마찬가지일 것이다. 아이들도 보고 듣는다. 많은 것들을 이해한다. 그런데 자기표현을 하지 못한다. 도저히 설명이 안 되는 놀라운 경우들이 종종 보고되고 있지 않은가. 예컨대, 이따금 우리는 아기들이 잠깐 동안 너무 지적인 표정을 짓는 것을 보고 아연실색할 때가 있다. 금방 다시 평상시의 아기 표정으로 돌아오지만 말이다. 미래에나 밝혀질 미스터리들이 아직 많이 남아 있다. 아기들, 우리는 그들에 대해 너무 조금밖에 모른다. 나는 아이들 관찰하는 것을 무척 좋아한다. 내게 아이들은 책이다. 그 책에서 나는 많은 것을 읽는다.

어머니들이여, 강조하건대 여러분은 정말 자식이 신의 종, 천재, 성인, 인류의 후원자 등 훌륭한 사람이 되기를 원하는가? 그렇다면 온 사랑을 다해 아이를 돌보라. 사랑은 무엇이든 할 수 있다. 아기가 잘 때마저도 아기에게 말을 건네라. 부드럽게 쓰다듬어 주라. 빨강, 주황, 노랑, 초록, 파랑, 남, 보라 등 빛의 모든 색깔들이 아이에게 스며들게 하라. 그런데 여러분이 진짜 태양빛의 색깔들에 정통하기를 원한다면 프리즘이 필요하다. 왜냐하면 자연은 어디에서도 크리스탈을 통과한 색깔처럼 아름답고 강력한 색깔들을 제공하지는 못하기 때문이다. 프리즘의 색깔들을 오래도록 응시하라. 그 다음 상상을 통해 그 색깔들을 다시 찾아내라. 아무 색깔이나 가지고 아이에게 작업하면 안 된다. 오로지 프리즘 색깔을 가지고 하라. 프리즘의 색깔이 진짜 색깔이다.

다시 강조하건대 여러분이여, 저 빛나는 광선들이 아이 속에 스며들도록 하라. 그 광선들의 흐름이 아이 몸의 모든 세포를 통과하는 모습을 상상하라. 그렇게 함으로써 여러분은 창조의 최대 미스터리를 재현할 수 있다. 질료를 주입시켜 아기에게 생기를 주는 신의 미스터리를.

Ⅵ장
마법의 말

자녀를 대하는 부모들의 태도 속에 비정상적인 것들이 얼마나 많은지! 아이는 너무 어려서 주변에서 일어나는 일을 이해 못할 거라는 핑계하에, 그들은 아이 앞에서 아무 말이나 하고 동작과 행동도 함부로 한다. 이 모든 것이 아이의 심령체에 매우 해롭게 작용할 수 있다고는 전혀 의심하지 않는다. 실은 아이는 매우 상처를 잘 받는다. 그리고 모든 것이 아이 속에 기록된다. 흔히 나중에 나타나는 이상 현상들 가운데는, 아기에 불과했을 때 함께했던 장면이나 대화에서 비롯된 것들이 많다.

실로 많은 부모들이 아이들에게 말하는 방식에 대해 충분히 조심하지 않는다. 언제나 아이들을 무능력자, 저능아, 바보로 취급한다. 그렇게 암시를 받고 최면에 걸려 자란 아이들은 얼마 후 진짜로 우둔하고 무능해진다. 그런 부모들은 말에 힘과 효력이 있다는 것과 자신의 말이 아이에게 엄청난 영향력을 행사할 수 있다는 것을 모른다. 때로 부모들은 자기 자식을 죽인다. 아이를 얌전히 잡아 두거나 복종시키기 위해 왜 도깨비나 늑대, 경찰로 협박해야 하는가? 왜 사소한 어리석은 짓 때문에 아이에게 비난과 저주를 퍼부어야 하는가? 부모들은 아이가 이런 경험들로 인해 협박당하는 느낌과 위험에 처해 있다는 느낌을 평생토록 갖게 되거나, 신경쇠약 환자가 될 수 있다는 사실을 모른다.

이제 부모들은 자식에게 도움이 되기 위해 말의 위력을 사용하는 법을 배워야 한다. 내가 여러분에게 그 방법을 제시해 주겠다. 아주 어린 아기를 둔 어머니들을 위한 방법이다. 아기가 잠자는 동안 침대 옆에 앉거나 아기를 품에 안는다. 그리고 아주 부드럽게 이렇게 말한다.

> "우리 아가, 정말 사랑해. 나는 항상 네 생각을 한단다. 나는 네가 위대하고 고결하고 빛나는 사람, 신성한 사람이 되기를 바란다. 지성과 힘, 순수와 친절함이 넘치기를 바란다."

아이에게 어머니가 바라는 모든 좋은 것들을 이런 식으로 열거하면 된다. 이 방법이 비상식적이라 생각하는 사람들도 있을 수 있다. 하지만 우주의 위대한 법칙을 이해하는 사람들은 내 말에 동의할 것이다. 그들은 말의 힘이 막강하다는 사실을 안다. 당장은 아이가 전혀 이해 못하겠지만 이 말들은 아이의 잠재의식 속에 기록되어 있다가 어머니가 인도하고 싶은 방향으로 갈 수 있도록 아이에게 작용할 것이다.

어머니들이여, 매일 아침저녁으로, 밤사이에도 후일 계발될 아이의 잠재적 능력과 자질과 덕목에 대해 말해 주라. 아이의 미래에 대해 말해 주라. 머리를 쓰다듬으면서 말이다. 이런 말을 듣고 자란 아이는 훗날 분명 행복하고 위대한 사람이 될 것이다. 뛰어난 인물이 될 것이다. 오직 지극히 시적이며 지극히 멋진 말만 해 주라.

사람들은 보통 자녀교육을 위해 어느 정도 아이의 지적 이해가 가능해지기를 기다렸다가 무언가 설명하기 시작한다. 그리고 그것을 교육이라고 믿는다. 그게 아니다. 게다가 그들의 설명은 교육적 가치가 도무지 없다. 교육학에서 정말 효과 있는 유일한 방법론은 부모의 모범이다. 아이들이 해야 할 것들을 구체적으로 보여 주라. 아이들 앞에서 그것들을 하라. 설명은 하나도 필요 없다. 씻는 법, 청소하는 법, 정돈하는 법, 식사 준비하는 법 등을 보여 주라. 아이들은 꼬마 원숭이다. 무언가 하는 것을 보면 곧바로 자기들도 따라 한다.

이런 요구를 하는 사람도 있을 수 있다.

> "당신이 충고하는 것을 실행에 옮기기 전에 먼저 어떻게 그렇게 되는지, 또 에테르 영역에서는 어떤 과정이 일어나는지 정확히 알고 싶습니다."

맙소사! 실천하기 위해 다 알 때까지 기다려야 한다면 수 세기를 기다려야 할 것이다. 그 사이 아이는 벌써 못된 놈이 되어 있을지 모른다. 지금 당장 시작하라. 아이를 돌보는 책임은 여러분 자신에게 있다.

경이로운 것은, 아이를 위해 이런 마법의 말을 하는 순간 여러분의 가슴과 머리에서 다양한 색깔들이 나와 빛을 발하고, 빛의 실채들이 그 모든 아름다움에 끌리고 감동받아 아이한테 이로운 영향을 주려 아이 곁에 머물기로 결심한다는 것이다. 그러니 제발 언제나 이의를 제기하고 물음을 던지는 여러분의 지성더러 좀 잠자코 있으라고 하라. 그리고 오늘 내가 하는 말을 믿어 달라. 여러분에게 득이 될 것이다. 특히 아이에게 득이 된다. 자기주장을 하고 내 말을 의심할 만큼 심령 세계와 영적 세계의 모든 법칙을 알고 있는 사람들이 얼마나 될까? 이 영역에서 여러분은 아직 무지하므로 지식 습득의 과정에서 여러분보다 앞서 가는 누군가를 믿고 따를 필요가 있다. 그러니 어머니들이여, 아기가 자는 중이라도, 이해하지 못한다 해도 아기에게 말을 하라. 어떤 어머니들은 생각으로 아기에게 말을 건넨다고 하지만 그것만으로는 충분치 않다. 생각과 말 사이에는 큰 차이가 있다.

언젠가 암스테르담에서 강연할 때였다. 청중 가운데는 여러 영성운동의 대표들이 있었다. 거기서 특히 나는 명상은 심령 에너지를 축적시킨다는 점과 절대 말을 하지 않고 명상만 하면 그 힘들이 결국 사람을 혼란에 빠뜨린다는 내용을 설파했다. 왜 그런 일이 일어날까? 그 힘들에 출구, 진로를 터 주지 않아서 그렇다. 명상에 의해 집합된 모든 영적 존재들이 말이 지시해 주는 방향으로 달려갈 수 있도록 몇 마디 말은 반드시 해야 한다. 왜 말이어야 하는가? 생각만으로는 큰 힘이 없는 걸까? 힘은 있다. 다만 말이 없는 생각이란 문서 위에 온갖 종류의 언약과 맹세를 써놓고 밑에 서명이 빠진 것과 같다. 서명을 하지 않는 한, 언약은 효력이 없다. 여러분은 원하는 것을 얼마든지 선언하고 약조하고 증여할 수 있다. 하지만 서명이 없으면 아무도 여러분의 문서를 중시하지 않을 것이다. 사회에서 중요한 것은 서명이다. 그리고 영적인 작업에서는 말이 서명과 같다.

내가 이렇게 말하자, 네덜란드 인지학회 회장이 소리쳤다.

"아! 우리는 몰랐던 새로운 내용입니다."

그는 경탄했다. 그렇다. 이것은 많은 사람들이 모르는 진리다. 말은 매우 중요하다.

여러분이 원한다면 수 시간 동안 생각만 할 수 있다. 하지만 무언가를 작동시키기를 원한다면, 또 여러분의 생각이 여기 물리적 차원에서 구현되도록 충격을 가하고 싶다면 바로 말을 개입시켜야 한다. 심령적 차원에서는 생각의 힘이 강하다. 하지만 물리적 차원에서는 말이 강하다. 이 진리를 받아들여라. 큰 성과를 얻을 것이다. 다만, 참으로 살아 있는 생각, 강력한 감정의 지지를 받고 있는 생각을 내면에 먼저 형성시키지 않으면, 여러분의 말은 여전히 공허하고 힘이 없고 어떤 성과도 낼 수 없다는 사실 또한 알아야 한다.

여기서 나의 강연을 듣고 있는 아이들도 내가 말하는 내용 중 일부를 언제나 내면에 기록한다. 이해도 못한 채 기록한 이 내용이 훗날 그들의 의식 위로 떠오를 때, 그들은 그것을 이용할 수 있다. 따라서 아직 나이에 맞지 않는다는 핑계로 관심 가질 기회를 빼앗겼던 아이들보다 훨씬 더 성공하게 될 것이다.

매일 새벽 부모가 일출 명상에 참여할 때 바위산에 데려가는 아이들도 마찬가지다. 아이들한테는 침대에 편안하게 남아 있는 편이 더 낫다고 생각할 수 있다. 그런데 아니다. 아이들이 바위 위에서 잠들지언정 데려가는 게 더 좋다. 기도, 명상, 사색의 분위기가 아이 속에 스며들기 때문이다. 무엇보다 그들은 그곳에서 태양광선을 받는다. 태양광선은 의식을 가진 영이다. 이 광선은 아이들의 에테르체에 작용하여 그 흔적을 거기 남긴다. 수년이 지나 친구들이 비행을 저지르자고 꼬드겨도, 이 아이들은 내면에서 강한 저항감, 곧 순수와 빛과 지혜의 길에 그들을 붙잡아 두려는 어떤 강력한 힘을 느끼게 된다. 아이는 근본적 원인은 모르지만 내면 깊이 아주 강하게 묻혀 있는 저 영향력을 피하지 못하는 것이다. 그러므로 교육은 아이의 지적 능력이 나타나기 전에 이루어져야 한다.

사실 나는 아이가 태어난 후 아이 교육을 시작하는 것은 이미 너무 늦었다고 생각한다. 그렇다. 부모는 그때 아이에게 영향을 줄 힘이 별로 없다. 출생 전, 아니 임신 전부터 해야 한다. 진정한 교육, 강력하고 효과적이며 실질적이고 흔들리지 않는 교육은 그때 이미 시작되어야 한다.

나의 교육법은 독특하다. 이상하기까지 하다. 음식을 먹을 때, 어린아이는 아직 음식물이 제공하는 여러 에너지들에 대해 이해하지 못한다. 이 에너지들이 자신의 신체적 · 심적 · 지적 성숙에 어떻게 기여하는지는 더더욱 모른다. 그렇다고 음식을 주기 위해 아이가 이해할 때까지 기다릴 수는 없는 노릇 아닌가. 마찬가지로 아이 속에 신성한 요소들을 넣어 주기 위해 기다리면 안 된다. 아이들에게 영적인 생명을 전해 주기 위해 이해가 가능할 때까지 기다려야 한다면, 아이들은 머지않아 영적으로 죽는다. 종종 일어나는 일이다. 사람들은 아이들이 영적 교육을 받을 나이가 되기를 기다린다. 그렇게 기다리는 동안 아이는 시시한 삶에 푹 빠져 버린다. 회복시키려 할 때는 너무 늦어 방법을 찾을 수 없다.

Ⅶ장
아이를 무료하게 놔두지 말라

여러분은 아이들이 군중 앞에서 노래를 부른 후 매우 자랑스러워하는 모습을 본 적이 있을 것이다. 오! 그들은 무언가 의미 있는 일을 한 것이었다. 그들은 그 일을 평생토록 기억한다. 어쩌면 여러분한테는 별것 아닐지 모른다. 하지만 그들한테는 큰 사건이다. 여러분이 만일 이 아이들 마음속에 들어갈 수 있다면 그것이 그들에게 얼마나 큰 사건인지 알 터이다. 아이들은 격려가 필요하다. 아이들한테 훌륭하다고 말해 주라. 너희들의 노래를 더 듣고 싶으니 다른 노래들도 더 배우면 좋겠다고 말하라.

다채로운 활동에서 되도록 가장 유능한 모습을 보이고 싶어 하는 아이들의 욕구를 깨워 주어야 한다. 이것이 어리석은 짓을 하거나 사방팔방으로 시간을 버리고 다니는 것을 막을 수 있는 최선의 방법이다. 아이를 절대 할 일 없이 놔두면 안 된다. 프랑스에서는 흔히 아이한테 얌전히 있으라고 요구할 때 이런 표현을 쓴다.

"현명해져라."

왜 현명함과 부동자세를 혼동하는가? 움직이지 않는 것, 아무것도 하지 않는 것, 그것이 현명함인가? 아이 머릿속에서 현명함은 부동자세와 연결되어 있을 테니 훗날 아이가 현명함을 혐오해도 우리는 놀라지 말아야 할 것이다. 아이들이란 얼마나 역동적인 존재들인가! 아이한테 움직이지 말라고 요구하는 대신 언제든지 아이가 몰두할 수 있는 무언가 할 만한 것을 챙겨 주어야 한다.

물론 아이들은 남아도는 힘이 많고 지구력이 매우 강해 고생을 금방 잊어버리지만, 학교나 다른 데서 시키는 것을 하느라 꽤 고생하고 있다는 점도 인정하긴 해야 한다. 하지만 아이의 성격은 자기가 하는 노력 하나하나와 함께 형성된다. 아버지와 어머니를 기쁘게 해 드리려는 것도 바로 이런 노력 가운데 하나이다. 그런데 흔히 부모들은 이렇게 생각한다.

"오, 가엾어라. 아이를 피곤하게 하지 말아야지."

작은 수고를 면하게 해 주려다 아이를 약하고 게으르고 무능하고 이기적인 사람으로 만든다. 실로 이것이 대부분 어른들의 자식사랑이요, 교육철학이다! 보라. 일출 명상에 참여하기 위해 바위산에 오르는 아이들이 과연 불쌍히 여길 대상인가? 잠자리에 남아 있지 못한다고 해서 과연 그들이 불행할까? 아니다. 행복하다. 그들을 쳐다보라. 부담 주지 않겠다는 핑계로 자식들을 무력함 속에 가둬 두는 자가 대개 자기 자신이라는 사실을 부모들은 깨달아야 한다. 태도를 바꿔야 한다. 아니면 자식을 이기적이고 변덕스러운 사람으로 키워 놓고 일생 고통받을 것이다.

이런 오류를 범하고 이제 와서 머리를 쥐어뜯는 부모들을 나는 많이 알고 있다. 나는 그들에게 이렇게 말한다.

"다 여러분 잘못입니다. 아주 일찍부터 아이들에게 부모를 돕는 법, 접시를 닦거나 수저를 놓는 등 몇 가지 쉬운 일이라도 하는 법을 가르쳤어야죠."

물론 대부분은 유아들이 하기에 너무 어려운 일들이다. 그들에게는 충분한 힘도 기술도 없다. 하지만 격려의 말을 해 주며 아이들 앞에서 우리가 그 일들을 하는 모습을 보여 주어야 한다.

"나중에 너도 크면 잘할 수 있단다."

아이들이 클 때까지 아이들이 우리를 도울 수 있는 작은 일들은 이미 얼마든지 있다. 단지 부모가 아무것도 할 일을 주지 않을 뿐이다. 부모로서는 하는 방법을 보여 주고 그들이 하는 것을 감독하기보다 자기가 빨리 실행해 버리는 편이 더 쉽기 때문이다. 그것은 좋은 교육 방법이 아니다. 아주 어렸을 때부터 배워야 한다. 배워 놓지 않은 것은 후일 하려 들지 않는다. 능력이 일찍이 계발되지 못해서다.

"게으름뱅이야, 이거 해라, 저거 해라, 배우려고 노력해라……."

그제야 잔소리를 하지만 소용없다. 아이는 하려 들지 않을 것이다. 너무 늦었다.

아이들이 아직 아주 어렸을 적에 심어 줘야 할 좋은 습관들이 많다. 이것들은 사라지지 않는다. 한번은 절도죄로 수차례 감옥을 들락거린 한 남자를 만난 적이 있다. 그는 감옥에서도 아침저녁으로 기도를 했노라고 내게 고백했다. 아주 어렸을 때 부모가 심어 준 습관이라 버릴 수 없었다고 한다. 그래서 나는 물었다.

"아니, 아침저녁으로 기도하면서 도둑질을 계속한다고요?"

그의 대답은 이랬다.

"아, 그건 다른 문제지요."

그에게 기도와 도둑질은 병행할 수 없는 것이 아니었다. 물론 그의 아버지가 도둑질하지 않는 습관도 들여 주었다면 더 좋았겠지만 말이다.

사람들은 습관의 힘이 얼마나 무서운지 헤아리지 못한다. 아이가 부리는 투정에 부모가 져주는 데에 아이가 습관이 들면 끝장이다. 훗날 잘못을 저지른 후 자기가 잘못했다는 것을 자각하고도 그는 사람들이 계속 져주기를 바랄 것이다. 그때 그를 바꾸기는 너무 늦다. 소중히 여기고 애지중지하고 지나치게 예뻐하면, 아이는 언제나 자기한테 그런 태도를 고수하라고 요구한다. 불행히도 그때 그를 훈육할 수 있는 힘은 오직 하나다. 바로 삶이다. 삶은 냉혹하다. 삶 가운데서 그는 고통을 겪게 될 것이며, 그제야 스스로 행실을 고칠 것이다. 아이들의 투정에 대처할 줄 몰라 부모가 무모하게도 아이에게 엄청난 고통을 예비해 놓은 것이다.

그래서 나는 종종 부모들에게 말한다.

> "조심하시오, 조심하시오. 여러분의 소위 자식 사랑은 나약함과 무지함에 불과하오……. 머지않아 여러분은 눈물을 빼게 될 것이오. 여러분의 무모한 사랑의 첫 번째 희생자는 여러분 자신이라오."

얼마나 많은 부모들이 나한테 자식의 태도에 대한 불만을 토로하러 왔었는지 모른다. 나는 잘못한 사람은 바로 당신 자신이라고 말해 줄 수밖에 없었다. 물론 그들은 이해하지 못했다. 부모가 아이들한테 약해지면 절대 안 된다. 후일 아이들이 악용한다. 그것은 그들의 잘못이 아니다. 아무도 아이에게 존중해야 할 규칙이 있음을 가르쳐 주지 않는데, 또 그는 이미 아주 어려서부터 모든 사람이 결국 자신의 투정에 굴복한다고 느끼는데, 후일 작은 훈계라도 하는 사람에게 복종하기를 어떻게 기대할 수 있겠는가? 그는 당연히 복종하지 않을 것이다. 굴복하지 않을 수만 있다면 모든 것을 무시하고 모든 것을 때려 부수고 타락까지 마다하지 않을 것이다. 습관이 그렇게 들었기 때문이다. 그것이 어찌 그의 잘못이라 할 수 있겠는가?

자신들의 부적절한 교육이 아이 성격을 망가뜨렸다는 것을 부모가 깨달았을 때는 반성케 할 레슨을 아이에게 주시라고 신과 지혜의 영들에게 기도하는 일밖에 남지 않는다. 아이는 눈물을 흘리고 여러분은 위로해 줘야겠지만 그제야 그는 깨닫게 된다. 그런 식으로 몇 차례 적절한 레슨을 받고 나면 아이는 구제된다. 나는 충분한 관찰을 통해 사랑, 부모의 무모한 사랑이 자식의 비행을 조장한다는 사실을 알게 되었다. 사랑, 그것은 경이로운 것이지만 지혜와 함께한다는 조건에서만 그러하다.

언젠가 나는 알고 지내던, 상류사회에 잘 자리 잡은 부유한 가정을 방문한 적이 있었다. 그들은 속만 썩이는 외아들 때문에 걱정이 많았다. 애지중지하는 아들에게 많은 돈을 주곤 했는데, 아이는 노는 데 정신이 빠져 공부는 소홀히 했다. 나는 그들을 도와주고 싶어 이렇게 말했다.

"아들을 구하고 싶습니까? 먼저 그 아이가 공부에는 재능이 없다는 걸 아셔야 합니다. 내가 당신이라면 그 애를 자동차 정비공장에 견습공으로 보내겠소. 강제로 일을 시키는 까다로운 고용주한테 말이오. 그리고 이런 유복함은 아이의 단점만 키울 뿐이니 돈 주는 일도 그만 끊을 것이오."

나는 그들에게 이 모든 것을 길게 설명해 주었다. 하지만 그들은 내 말을 이해하지 못했다. 내 충고에 크게 불만을 품을 정도였다. 아들을 노동자로 만들자는 내 아이디어에 모욕감마저 느끼는듯했다. 아들에게 화려한 지위를 기대하고 있넌 그들이니 오죽했겠는가. 그들은 결국 내 말을 듣지 않았다. 그리고 계속 아들을 프랑스와 외국의 일류 학교로 보냈다. 끊임없이 최고의 선생들을 붙여 주었다. 무엇보다 돈과 선물 공세로 아들을 애지중지했다.

몇 년 후 최악의 상황이 찾아왔다. 그들은 자동차 정비공장에 대한 내 충고를 기억해 내고 무언가 실행에 옮겼다. 그런데 나로서는 너무 경악할 일이 벌어졌다. 나는 그 아들을 자동차 정비공장에 견습공으로 보내라고 한 것이었는데, 그들은 찾아낼 수 있었던 가장 크고 가장 현대적이고, 가장 비싼 정비공장을 아들에게 사 주었던 것이다. 그런 정비공장의 주인이 되기에 그 청년은 준비된 것이 아무것도 없었음은 물론이다. 그리고 일어날 일이 일어나고야 말았다. 얼마 되지 않아 그는 파산하고 거금을 잃은 것이다. 그 다음 애기는 하지 않겠다. 그들은 나약함 때문에, 무모한 사랑 때문에 아들을 불행하게 만든 전형적인 부모다.

오늘날 부모들은 아이의 성격을 단련시키는 방법들은 감히 사용하지 못한다.

> "아이들이 괴로움을 겪으면 안 되죠. 원하는 것이라면 뭐든지 해 줘야죠."

이것이 그들의 자식 사랑이다. 그들은 나약함 때문에 이렇게 아이를 망치고 있다. 그리고 머지않아 부모를 짓밟는 망나니와 마주할 정도까지 아이한테서 아무 보람도 얻지 못할 날이 온다. 부적절한 교육 때문에 쓰라린 레슨을 받게 되는 것이다.

그런데도 부모들은 내 말을 듣지 않는다. 내가 잔인하다고 생각한다. 나는 잔인하지 않다. 작은 법칙들을 알고 있을 뿐이다. 작지만 위대한 법칙들이다. 과거에는 많은 사람들이 내가 충고하는 방식으로 자식을 길렀다. 왕들조차 그랬다. 언제든지 궁궐에는 왕에게 충고해 주는 현자들이 있었다. 예컨대 그 현자들이 왕에게 했을 법한 충고는 이렇다.

> "폐하, 아드님은 나라를 통치하기 위해 태어났습니다. 과연 그가 올바르고 정직하고 공평한 왕이 될 수 있을까요? 이렇게 하셔야 합니다. 아드님을 자기가 왕자이며 미래의 왕위 계승자라는 사실을 알

기 전에 가난한 집으로 보내 거기서 살게 하십시오. 사람들이 어떻게 고통을 감내하며 고군분투하고 있는지, 적은 생활비를 벌기 위해 어떻게 일하는지 볼 수 있도록 말입니다. 궁궐로 돌아와 왕위에 오르게 되면 그는 정의와 관용과 자비로 나라를 통치할 수 있을 겁니다."

이런 충고를 그대로 따른 왕들이 실제로 있었다.

오늘날 부유한 가정에서는 어쩌다 상사에게 몇 대 두들겨 맞을 수도 있는 중소기업의 힘들고 어려운 자리에는 자식을 보내려 하지 않는다. 대도시나 스위스의 명성 높은 기숙학교로 보내고 싶어 한다. 그들은 거기서 여러 나라 왕자들과 어울리며 테니스를 치고, 스키를 타고, 수영도 할 것이다. 이 귀공자들은 졸업 후에도 과잉 보호 속에 남을 가능성이 크다. 이것이 바로 아주 부유하고 아주 '지성적인' 사람들의 교육철학이다!

아주 부자인 아버지는 부자라는 사실조차 자식들에게 드러내지 않는 게 좋다. 미래에 받게 될 유산을 너무 믿는 나머지, 홀로 서기 위해 일하고 배우는 노력을 회피할 우려가 크기 때문이다. 그들은 자신들한테는 온갖 투정과 쾌락이 허용된다고 믿고 게으름을 피울 가능성이 높다. 이것이 최악의 교육이다. 부모는 가능한 한 자식들에게 돌아갈 재산에 대해 언급을 삼가해야 한다. 일이나 자제력에 있어서 좋은 습관이 든 후에는 장래에 상속받을 재산에 대해 말해 줘도 좋다. 그때는 된다. 하지만 그 전에는 안 된다.

주님이 바로 우리 모두에게 그리하시지 않는가? 주님은 최고의 교육자요, 최고의 교육학자이다. 그분은 저 높은 곳, 하늘나라 은행에서 우리를 기다리는 유산을 우리에게 당장 보여 주시지 않는다. 우리가 스스로 가난하고 비참하다고 생각하며 수고하고 고생하다가 마침내 환호와 눈물 속에서 상속 자격을 갖추게 되었을 때, 주님은 우리를 위해 쌓아 놓은 그 온갖 보물들을 보여 주신다. 그제야 우리는 아무것도 미리 드러내지 않으시는 신의 지혜를 이해한다.

주님처럼 일하기를 원하는 비전가들도 자기 제자들이 잘 성장할 수 있도록 그들을 위해 많은 것들을 숨긴다.

후일 자기 자식들이 큰 책임을 완수하는 모습을 보고 싶어 하는 부모라면, 인생의 어려움을 체험케 하는 교육을 시켜야 할 것이다. 아니면 그들이 책임자의 자리에 앉게 될 때, 자기 밑에 있는 노동자들 · 군인들 · 부하들의 고충을 어떻게 이해할 수 있겠는가? 아주 가난한 환경 출신으로 오직 일을 통해 승진한 사람들은 보통 이해심이 많고 흔히 남의 고난에 동정적이기까지 하다. 그들 자신도 고난을 겪어 봤기 때문이다. 반대로 너무 유복하게만 살아온 사람들은 남의 사정을 이해할 수 없었던 마리 앙투아네트처럼 말할 가능성이 높다.

"그들에게 빵이 없다구요? 그러면 브리오슈*를 먹으면 되죠!"

* 밥에 해당하는 식사용 빵과 대비되는 버터, 계란, 설탕을 넣어 만든 프랑스 전통 빵.

Ⅷ장
다가올 성인의 삶을 준비시켜라

이곳에 와 있는 아이들, 청소년들의 나이를 고려할 때, 우리가 다루는 철학적 문제들이 그들 수준에 맞지 않는다는 점을 나도 잘 알고 있다. 또 그들이 온갖 종류의 놀이나 오락에 더 관심이 많다는 사실도 안다. 그럼에도 그들이 이 가르침의 규범에 따라 살기 위해 최선을 다하는 어른들 사이에 머문다면, 아직은 이 가르침의 심오함과 의미를 이해 못한다 해도, 실은 모든 것이 그들의 내면에 기록된다. 따라서 훗날 해결해야 할 심각한 문제에 당면할 때, 그들은 다른 사람들보다 더 잘 대처하고 더 나은 방향으로 갈 가능성이 높다. 이곳에서 선을 지향하도록 자극받았기 때문이다. 당장 느끼는 게 없어도 상관없다. 그들이 보고 들은 건 평생 동안 끊임없이 영향을 미친다. 나이 어린 사람도 우리 모임에 참석해야 하는 이유가 바로 여기에 있다.

설사 아이들이 아직 너무 어리다고 느껴져도 후일 그들이 살아내야 할 삶을 위해 아이들을 준비시켜야 한다. 어른들의 세계를 미리 건너다보는 것은 아이들의 이해력이 깊어지는 데 매우 좋다. 어린 여자애들이 하는 짓들을 보라. 본능적으로 인형을 달라고 해서 달래고 먹이고 씻긴다. 실은 이 놀이는 미래의 어머니 역할을 위한 준비이다. 미래의 땅을 미리 탐사하라고 등을 떠미는 무언가가 아이 속에 있는 것이다. 이 모든 것에 대해 곰곰이 생각해 봐야 하지 않을까?

부모를 따라 교회에 가는 아이들은 거기서 일어나고 있는 일들을 별로 이해하지 못한다. 하지만 적어도 의식의 장중함, 어른들의 경건함으로 인해 그들의 영혼은 감명을 받는다. 그리고 그 감명은 나중에 더 깊어진다. 또 어떤 아이들은 친지의 죽음으로 장례식에 참석한 후 죽음에 대해 의문을 품기 시작한다. 죽음이란 후일 그들이 반드시 마주해야 할 사건이다. 준비가 되어 있는 것이 그들에게 유익하다. 인생의 모든 일들이 다 그렇다. 아이들은 각자 어느 정도 나이에 맞지 않는 사건들을 앞서 겪을 수밖에 없다. 그래서 어른들이 먼저 한 경험의 혜택을 누려야 하는 것이다.

아주 간단한 예를 다시 들어 보자. 화학 전공 학생이라면 먼저 이 분야에서 지금까지 발견된 모든 사실을 학습하는 일부터 시작한다. 그리고 능력이 되면, 거기에다 자신의 발견을 첨가한다. 먼저 다른 사람이 해 놓은 실험과 발견에 관심을 기울이는 일부터 한다는 것이다. 그것들을 외면하고 자기 스스로 모두 다시 발견하겠다고 마음먹지 않는다. 가령 연구가 20년, 30년 걸리더라도 물 분자는 한 개의 산소 원자와 두 개의 수소 원자의 결합으로 이루어졌다는 사실을 반드시 스스로 발견하겠다고 (발견할 수 있을지 모르나) 결심하지는 않는다. 그는 그냥 이 개념을 수용한다. 그것이 더 현명하다. 시간을 버는 길이다.

아이에게 어른들의 삶에 참여하는 습관을 붙여 주면, 후일 특정 사건들과 마주해야 할 무렵, 아이는 이미 잘 준비되어 있을 것이다. 자기가 본 걸 기억해 낼 것이기 때문이다. 그리고 아이는 본대로 무방할 것이다. 따라서 청소년들을 나이에 맞다고 생각되는 활동에 국한시키지 않는 것이 좋다. 언젠가 나는 15세가량의 매우 아름다운 딸이 둘 있는 어머니와 대화를 나눌 기회가 있었다. 내가 그녀에게 말했다.

> "당신 딸들이 형제회에 나와 후일 삶 속에서 도움이 될 진리를 접하면 좋을 겁니다."

그녀가 내게 무어라 대답했는지 아는가?

"오, 안돼요. 그 애들은 너무 어려요. 그 나이에는 즐겨야죠. 그 애들은 댄스 파티나 깜짝 파티를 좋아한답니다. 아직 심각한 것을 생각할 나이가 아니죠!"

이런 어머니가 바로 자기 자식들에게 재앙을 예비해 주는 어머니이다.

청소년들이 춤추는 것을 막지 말아야 함은 물론이다. 나도 그들이 춤추는 것에 반대하지 않는다. 하지만 다른 차원에도 관심 갖는 습관을 붙여 줘야 한다. 인간의 본성이란 단지 일, 노력, 사색만을 위한 것이 아님을 인정한다. 심지어 과거에 축일을 제정한 사람도 바로 비전가들이 아니었던가. 그 기회에 민중들은 노래와 춤과 변장을 통해 일과 일상의 근심거리로 눌려 있던 그 모든 에너지들에 출구를 터 줄 수 있었다. 하지만 즐기고 기분 전환하는 것이 핵심이라고 생각한다면 반드시 인생을 망친다.

나는 딸이 즐기기를 원하는 어머니들의 바람이 나쁘다고 생각하지 않는다. 나 또한 즐긴다. 사실 나는 줄곧 즐길 생각만 하는 사람이다. 그 점에 대해 여러분은 어떻게 생각하는가? 그런데 즐기는 방법도 여러 가지이다. 성찰을 통해 균형을 잡지 않고 즐기기만 하면 어떤 위험이 따라올지 알아야 한다. 어머니가 즐기러 보낸 이 소녀는 1순위로 등장하는 불량배에 의해 아주 빠르게 더럽혀지고 결국은 상처받는다. 그녀는 이제 매력과 순수함뿐 아니라 명석함

마저 잃게 될 것이다. 그리고 자기 번지수도 모르는 채 생애를 보내는 온갖 여자들의 무리에 급속히 합류할 것이다.

나를 속 좁은 사람이라고 생각하지 말아 달라. 나보다 마음이 넓은 사람도 많지 않을 것이다. 나는 청소년이라면 누구나 노래하고 춤추며 즐기기를 바란다. 하지만 동시에 비전학을 공부하고, 생명력을 주는 고결한 자연력들과 교류하기를 또한 바란다. 그때 비로소 그들은 가족과 조국과 온 세상에 이로운 행동을 하는 훌륭한 사람이 될 수 있을 것이다.

청소년들이 오직 자기가 좋아하는 것, 현재 자기 수준에서 자기 마음에 드는 것만 추구하도록 방치하지 말고, 언제나 좀 더 멀리 보고 미래를 미리 살아보게 해야 한다는 것을 여러분에게 일러 주기 위한 몇 마디 충고였다. 오! 물론 나는 앞서 어른이 되려는 아이들이 많이 있음을 잘 안다. 그런데 전혀 바람직한 방향이 아니다. 예를 들면, 귀엽고 상냥한 어린 소녀가 이모나 고모가 입술을 바르고 손톱을 칠하고 손가락에 반지를 낀 것이 부러워 그들처럼 되고 싶어 한다. 그리고 남자아이는 담배 파이프와 커다란 콧수염 때문에 할아버지처럼 되고 싶어 한다. 청소년들은 흔히 자기도 모르는 사이 이렇게 어른 흉내를 낸다. 너무 서둘러 늙은이가 되려 한다. 거드름 피우는 표정과 무감각한 표정을 짓는다. 맙소사, 자기 의지와 상관없이 그렇게 될 날이 올 텐데 왜 그리 서두를까. 절대 확실한 것이 하나 있다면, 그건 그들도 늙는다는 것이다. 아무도 막을 수 없다.

그러므로 청년들은 가능한 만큼 오래 젊음을 지키려고 애써야 할 것이다. 내 말의 의미는 마음을 젊게 하라는 것이다. 솔직하고 단순하며, 웃으라는 것이다. 나는 계속 어린아이로 머물고 싶다. 그래서 나는 온 힘을 다해 내 안에 있는 어린이 정신을 지키려 애쓴다. 청년들은 늙고 싶어 하는데 나는 젊음을 연장하고 싶다. 젊음은 너무 빨리 지나간다. 봄이 빨리 가 버리듯 너무 쉽게 달아난다!

Ⅸ장
신비로움에 대한 감각을 보호하라

내 강연을 듣고 있는 이 아이들을 보라. 그들이 얼마나 내 말을 잘 이해하는지 그 실상을 여러분이 안다면 믿어지지 않을 것이다! 그들의 얼굴은 진동한다……. 웃어야 할 순간에 웃고 생각해야 할 순간에 생각한다. 그들은 멋지게 반응한다. 여러분을 능가하는 나의 청중이다. 오직 신, 그분만 그들의 작은 머리에서 무슨 일이 일어나고 있는지, 그들이 문제를 어떻게 보고 이해하는지 아신다. 아마도 그들은 단번에 진리를 알아보는 듯하다. 여러분은 그 반대다. 여러 해가 걸린다. 그렇다. 확신컨대 아이들이 어른들보다 진리를 더 빨리, 더 잘 알아본다.

내 강연에 대해 아이들이 하는 코멘트 속에는 어른들이 뚱딴지 같다고 생각하는 것들이 많이 들어 있다. 어른들이 이해를 못해서 그렇게 생각하는 것이다. 나는 그들의 성찰이 너무 심원하여 어안이 벙벙해진 적이 한두 번이 아니다. 아이들이란 아직 단순하고 꾸밈이 없다. 그들은 아직 자신들이 내려온 천상 가까이 있다. 나중에 가족과 사회가 그들 나름의 사고방식과 판단 방식을 주입하여 아이들은 결국 잘못된 관점을 수용하게 된다. 그렇다. 어른들은 대개 아이들을 일그러뜨리는 일밖에 하지 않는 듯하다.

아이들이 아주 어릴 때는 초자연에 대한 타고난 감각을 간직하고 있다. 모든 것이 살아 있고 지능을 가지고 있다고 믿는다. 그래서 곤충, 돌덩이, 동물, 식물에게도 말을 한다. 돌멩이에 부딪치기라도 하면, 비난을 퍼부으며 발길질을 한다. 돌멩이가 일부러 부딪치게 했다고 믿기 때문이다. 요정들, 거인들, 기이한 동물들에 대한 이야기를 해 주면 다 믿는다. 놀랍지 않은가! 하지만 불과 몇 년이 지나면 아이들은 이 초자연에 대한 감각을 잃어버린다. 어른들이 그들의 믿음을 조롱하기 때문이다. 또 설사 조롱은 하지 않더라도 어른들의 속물적인 무례한 태도가 결국 그런 감각을 잃어버리도록 영향을 끼친다.

일단 아이들이 초자연에 대한 감각을 잃어버리면 그들은 정말로 핵심을 잃은 것과 다름없다. 우주는 영혼도 지성도 없으며, 세상에서 인간만이 유일하게 사고하는 생명체라 믿는 것이 우월성의 표시라고 상상하면 안 된다. 그런데 그것이 보통 어른들의 생각이다.

진실로 자연은 생명체이다. 지성을 지닌 존재다. 그리고 자연 속에는 역시 지성을 지닌 생명체들이 가득하다. 어떤 존재들은 인간보다 한층 더 똑똑하다. 인간이 저들의 생명과 지성을 부인하기 시작하는 날부터 죽음이 인간 속에 정착하기 시작한다. 만일 여러분이 자기 주변에 있는 모든 것이 죽어 있다고 믿는다면 여러분 속에도 죽음이 자리 잡는다. 절대 이 점을 잊지 말라. 모든 존재는 지능이 있고 살아 있다는 사실을 믿으라. 그러면 여러분 안에서 지성과 생명이 증대될 것이다.

단순한 생각이 마법적 결과를 일으킨다는 현상에 대해 연구하지 않는 심리학자들과 교육학자들이 관심 가져야 할 진실이 하나 있다. 여러분이 만일 지구상의 모든 사람들이 심술궂고, 추하고, 퇴폐적이고, 악독하다고 믿는다면 그건 정말이지 나쁘다. 이런 믿음이 여러분한테 반사될 뿐 아니라 언젠가 여러분도 그들처럼 되기 때문이다. 반대로 빛, 아름다움, 광휘, 장엄함이 도처에 퍼져 있다고 믿으면 여러분은 날로 보다 아름답고, 보다 고결하고, 보다 생기가 넘치는 사람으로 변할 것이다.

그러므로 아이들한테 있는 초자연에 대한 감각을 죽이려 들지 말라. 일생 동안 거기서 자양분을 공급받도록 그 감각을 키워 주라. 비가시 세상과 거기 살고 있는 존재들에 대한 감각을 지켜 주는 것이 바로 동화이다.

내가 어린 시절 집안에는 아주 나이 드신 분들이 많이 계셨다. 그분들의 말씀에는 언제나 지혜가 가득했다. 그들은 전혀 교육을 받지 못한 분들이었다. 대부분 학교라곤 가본 적도 없었다. (1세기도 더 전 마케도니아의 작은 외딴 마을에서는 전혀 놀랄 일이 아니다.) 그런데 그들의 태도는 너무도 기품 있고 너무도 절제가 잘되어 있었다. 나는 그들을 무척 따랐다. 그들은 어린 내게 모범이 되는 존재들이었다. 그들이 우리 집을 방문하면 (예닐곱 살 때쯤), 나는 얼마나 기쁘고 즐겁게 그들을 맞이하고, 얼마나 주의 깊게 그들이 하는 말을 들었는지 모른다. 그리고 언제나 옛날이야기를 해 달라고 졸랐다. 특히 미카엘이라는 이름의 친척은 나에게 깊은 인상을 남긴 매우 지혜로운 분이었다. 그는 말할 때마다 언제나 말과 동작에 신중을 기했다. 그는 언제나 나의 할머니처럼 놀라운 이야기들을 해 주었다. 선과 악, 빛과 어둠, 백마법사와 흑마법사 간의 투쟁이 펼쳐지는 이야기들이었는데 언제나 결국 승리하는 편은 선이었다. 이후 나는 평생토록, 이 동화들과 함께 나의 할머니와 그분이 나에게 선과 빛을 향한 도약, 언제나 빛이 승리하면 좋겠다는 바람을 넣어 주었다고 느끼며 살았다.

이런 이야기들을 들었던 건 참 잘한 일이었음을 이제 와서 다시 깨닫는다. 그 이야기들이 내 안에 깊은 자국을 남겼기 때문이다. 책이나 대학에서 배운 것은 전부 지워졌는데, 빛이 언제나 어둠을 이기는 것으로 끝나는 그 이야기들은 남았다. 그렇다. 부모와 가까운 친척들은 아이들에게 영향을 많이 준다. 그러므로 아무 이야기나 하면서 미심쩍은 길로 등을 떠미는 사람들과 어울리도록 아이들을 방치하면 안 된다. 그 나이에 아이들이 보고 듣는 것은 내면에 새겨진다. 그리고 일생 동안 영향을 미친다. 여러분의 아이들을 잘 관찰하라. 가능하기만 하다면 그들의 친구들을 골라주기까지 하라. 항상 그들이 어떤 여자애들, 남자애들과 어울리고 있는지 알려고 애써야 한다. 여러분의 삶을 조용히 돌아보라. 여러분의 취향, 성향, 현재 행실의 원인들을 어린 시절에서 찾아낼 수 있을 것이다.

나는 어린 시절이 인생 전체를 결정짓는다고 단언한다. 어린 시절 새겨진 흔적은 절대 지워지지 않는다. 따라서 어른들의 책임이 막대하다. 무례하거나 비열하게 행하여 아이에게 상처를 입히면 그 흔적이 영원히 남는다. 그러므로 어른들은 정말 조심해야 한다. 아이를 잘못 지도하면 어쩌나 하고 두려워 떨어야 할 것이다.

내가 하는 말을 유념하라. 비전 심리학의 법칙들 역시 몇 가지 알아두는 편이 좋다. 그렇다고 오로지 꿈 같은 시적인 분위기나 비실재와 상상 속에서 아이를 키우라고 말하는 건 아니다. 이 또한 아이에게는 막대한 악영향을 미칠 것이다. 방법론마다 언제나 장점과 단점이 있으므로 언제 어떻게 어떤 방법론을 적용해야 할지 잘 판단해야 한다. 부모와 교육학자들이 아이의 지성과 실용적 감각을 깨워 주고 물질적 차원에서 헤쳐 나가는 방법을 가르쳐 후일 실생활에 잘 대처하도록 준비시켜야 함은 물론이다. 하지만 초자연에 대한 감각과 비가시 세상에 대한 감수성을 죽이면 안 된다. 어른들은 아이에게 자연령들, 곧 흙의 정령(노움gnome), 물의 정령(운딘undine), 공기의 정령(실프shylph), 불의 정령(살라만더salamander)과 그들이 하는 일에 대해 설명해 줄 수 있어야 한다. 무엇보다 신성 세상에 대한 감각을 길러 주어야 한다. 이를 위해 생명나무와 천상의 하이어라키들(celestial hierarchies)* 에 대해 말해 주기 시작하는 것도 좋은 방법이다.

물론 아이 눈높이로 내려가야 한다. 아이에게 세피로트Sephiroth 나무**의 온갖 카발라Kabbala*** 용어들을 열거하라는 것이 아니다. 하지만 계위階位의 개념을 아이에게 이해시키는 것이 불가능하지는 않다.

"동물 위에 사람이 있단다. 사람이 더 똑똑하거든."

---

* 천상의 하이어라키란 여러 계위에 속해 있는 천상의 영적 존재들을 일컫는다.

** '세피로트의 나무'는 '생명나무'이다. 카발라에서 이 '세피로트의 나무'는 광대한 대우주를 의미함과 동시에 그 작은 모형인 소우주로서의 인간, 나아가 우주의 법칙과 창조의 법칙, 또한 신에게 이르는 영적인 여정을 의미한다.

*** 카발라(Cabala, Kabbala)는 히브리어로 '구전口傳', '전수'라는 뜻이다. 입에서 귀로 전승된 유대교의 비의적 가르침, 유대 신비사상의 총체이다.

계속 사람들 사이에 존재하는 차이에 대해 설명해 준다.

"사람들 사이에서도 어떤 사람들은 다른 사람들을 뛰어넘는단다. 더 훌륭하고 더 지혜롭지."

아이는 그것이 사실임을 인정한다.

"그렇다면 이제 가장 훌륭하고 가장 지혜로운 사람들마저 뛰어넘는 다른 존재들이 없을 이유는 없겠지?"

아이는 분명 옳다고 믿게 될 것이다.

이런 식으로 천사, 대천사, 그리고 다양한 영적 세계에 속한 천상의 존재들에 대한 개념이 생기기 시작한다. 이렇게 교육받은 아이는 지혜와 빛의 고등한 세상에 대한 의식과 그 세상을 지향하는 마음을 언제나 간직할 것이다.

자기 자신을 능가하는 세상과 영적 존재들을 부인하는 사람은 스스로를 제한하게 되고 점점 어두워진다. 많은 사람들이 앞으로 나아가지 못하고 진보하지 못하는 이유는, 인간 그 위에 천사, 대천사…… 신의 보좌에 이르기까지 수많은 계위에 속한 숭고한 천상의 존재들이 있음을 모르거나 인정하고 싶어하지 않아서이다. 따라서 그들에게는 고등한 차원의 에너지를 받거나 끌어오기 위해 매달려야 할 목표도 지고한 이상도 없다.

물론 그들은 살아간다. 그런대로 헤쳐 나간다. 하지만 영적 관점에서 볼 때 그들은 전진하지 못한다. 그들은 가르칠 스승이 존재한다는 사실조차 받아들이지 않는다. 심지어 어떤 사람들은 죽어 있다. 영적으로 죽은 것이다. 반면 의식적으로 여러 계위에 속한 천상의 영적 존재를 받아들이는 자들에게는 고귀한 목표가 있다. 이 목표는 그들에게 위대한 성취에 필요한 추진력을 제공할 것이다.

X장
물러서지 않는 사랑

아버지 어머니는 아이의 투정에 굴복하면 안 된다. 부모는 다정다감하고 사랑이 많아야 하지만 동시에 단호해야 한다. 아이에게 명령을 내렸으면 복종하라고 밀어붙여라. 어떤 어머니들은 아이가 운다고, 아이 마음을 아프게 하기 싫다고 아이한테 굴복하고 만다. 어리석은 동정이다. 버릇이 잘못 들여진 아이는 후일 부모 머리 꼭대기에 올라간다. 어머니는 언제나 온화함이 넘치고 화를 내거나 때리지 말아야 한다. 하지만 인간의 어떤 욕망이나 변덕에도 결코 휘지 않는 자연처럼 부모 역시 아이에게 굴복하면 안 된다.

아이가 손가락을 불 속이나 얼음 속에 집어넣는데 그가 다칠까 봐 고온과 저온의 법칙이 변하는가? 자연은 아이의 행위에 냉정하게 대응한다. 아이가 자연을 존중하는 법을 배워야 하는 것이다.

아이한테 어머니는 자연의 대리자나 다름없는 존재이다. 철저하게 대신하지 않으면 아이는 넘지 말아야 할 한계가 있음을 모르고 빗나갈 수 있다. 아이들이 후일 진짜 남을 괴롭히는 사람이 되기도 하는 이유는 흔히 그 어머니의 나약함 때문이다.

그렇다. 종종 부모의 잘못된 사랑이 가정의 불행을 만든다. 부모, 자녀 불문하고 누구나 복종해야 하는 법칙들이 존재한다는 것을 자녀에게 가르치지 않아서이다. 무슨 짓을 해도 괜찮았기 때문에 아이는 뭐가 좋은지, 뭐가 나쁜지 절대 알 수 없다. 그건 그의 잘못이 아니다. 버릇을 잘못 들여서 그렇다. 아이는 아주 어려서부터 법칙의 존재를 배우기 시작해야 한다. 아이를 가르치는 건 부모의 몫이다.

"네, 하지만 그 가엾은 것이 울면요? ……"

아이는 좀 울어도 괜찮다.

아이가 울면 어머니는 이 사랑스러운 꼬마가 불행해 할까 봐 곧바로 양보한다. 그러면 끝장이다. 그녀는 일생 양보해야 한다. 종이 되어야 한다. 아이는 어머니를 몰아붙일 것이고, 고통은 어머니가 받게 될 것이다. 사랑과 나약함을 혼동했기 때문이다. 아이가 운다? 울게 놔두라. 오히려 폐가 튼튼해질 수 있는 기회다. 그리고 우는 동안 아이는 존중하고 지켜야 할 규칙이 있다는 사실을 이해하기에 이른다. 눈물 한 방울에 결정을 취소한다면, 아이는 여러분을 굴복시키고 온갖 어리광을 충족시키기 위해 언제든지 계속 눈물을 사용하려 들 것이다. 아이가 어머니보다 더 똑똑하고 더 교활하다는 사실을 모르는가? 아이는 어머니를 굴복시키기 위해 눈물을 사용할 줄 안다. 그리고 나중에 어머니 머리 위로 오줌을 누러 올라갈 텐데, 그때 가서 어찌하려는가? 나약하기만 했던 많은 어머니들이 이런 식으로 고된 훈련을 받고 있는 게 현실이다.

아이 투정에 굴복할 수 없음을 아이에게 이해시키는 일을 미루지 말아야 한다. 그렇지 않으면 대응을 결심하는 날엔 너무 늦는다. 어떤 부모들은 상황의 심각성을 깨닫고 갑자기 태도를 바꿔 단호해진다. 큰 갈등이 일어나고 아이를 때리기까지 한다. 하지만 아무것도 얻지 못한다. 너무 늦었기 때문이다. 단호함은 아이가 아주 어렸을 때 보여 주어야 한다. 아이가 아직 어리다고, 혹여 아이의 마음과 영혼 속의 나쁜 성향들을 깨울까 두려워 무조건 아이를 기쁘게 해 주려는 저 나약함을 부모라면 반드시 극복해야 한다. 정반대이다. 아이는 어리기 때문에 강요와 훈계와 명령을 받아들이는 것이다. 후일 아이는 이해하기에 이른다. 그리고 결국 부모를 사랑하게 되고, 자신이 당할 뻔한 큰 고통을 그렇게 면하게 해 준 부모에게 감사할 것이다.

어떤 부모들은 아이들의 환심을 사고 아이들을 재미나게 해 주는 일밖에 모른다. 아이들의 환심을 사려는 과도한 욕구의 결과는 끔찍하다. 장난감 문제만 놓고 봐도 그렇다. 아이들을 재미나게 해 준다고 어떤 장난감들이 제조되고 있는가? 권총, 탱크, 대포 등 온갖 종류의 장난감 무기들을 보라. 모형 단두대를 판매하는 데까지 이르렀다. 그런데 부모들은 도대체 무얼 하고 있는가? 단결하여 항의하고 이런 유의 장난감 제조를 저지하지 않고 그대로 방치한다. 거기서 끝나지 않고 그것들을 구매하기까지 한다. 이는 꼬마 불량배들을 기르는 길이다. 얼마나 어리석고 얼마나 무지한가! 이런 장난감들이 아이의 행동과 사고방식에 나쁜 영향을 줄 것이라고 어째서 생각하지 못하는가? 아이들이 나중에 끔찍한 사람이 되는 것은, 중대한 비전적 진리를 알지 못하는 사람들로부터 비정상적 교육을 받아서이다.

어제 나는 우연히 어떤 아이가 불쾌하고 흉측한 표정을 짓는 걸 보게 되어, 아이 어머니에게 물었다.

"얘가 이런 표정을 어디서 배웠죠?"

사람들이 자식을 어떻게 교육하는지 보라.

"아이 아버지가 재미나게 해 주려고 했던 걸 아이가 흉내 내는 거랍니다."

단지 재미나게 해 주려고, 웃기려고 아이들이 흉내 낼 수도 있는 아무 멍청한 표정이나 마구 지어 보여 주다니! 아무리 아이들을 즐겁게 해 주기 위해서라도 추하고 멍청한 것이라면 아이들에게 절대 보여 주면 안 된다. 아이들을 즐겁게 해 줄 다른 방법들이 얼마든지 있지 않은가.

부모는 설령 아이가 좋아하지 않더라도 교육적이고 지적인 행동만 해야 한다. 받아들이느냐, 익숙해지느냐는 아이들 자신의 몫이다. 온 세상이 오로지 쾌락만 추구한다. 하지만 쾌락은 최악의 가이드이다. 이 가이드는 사람의 품위를 떨어뜨리고 동물 상태로 되돌려 놓는다. 무지한 부모는 이른바 아이를 사랑한답시고 아이를 즐겁게 해 주는 일에만 몰두한다. 하지만 사랑도 사랑 나름이다. 여러분의 아이를 교육하고, 아름답고 강건하고 온전하게 만들어 주는 사랑, 오직 그런 사랑을 선별해야 한다. 인간은 본래 이기적이고 배은망덕하다. 여러분은 자식한테 너무 관대해서 이기주의와 배은망덕을 조장할 위험이 많다. 자식을 너무 사랑하는 나머지 그저 전부 다 주고 싶어 한다. 하지만 지혜는 어떤 것들은 좀 빼앗으라고 충고한다.

말하고 또 말해도 부모들은 자기가 옳다며 인정하지 않는다. 나도 잘 안다. 그들은 내 충고가 자기네 교육 방식과 맞지 않는다고 생각한다. 그런데 그들과 자녀들 사이에 문제가 많은 것이 현실이다. 그들의 교육 방식이 개선되어야 할 필요성을 증명하는 게 아닐까?

위 페이지에서 나는 아이들을 때리면 안 된다고 말했다. 실은 특별한 경우, 따귀나 볼기를 때린다고 해서 아이가 아픈 건 아니니다. 다만, 아이를 때릴 때는 시선에 주의해야 한다. 그렇다. 여러분의 눈길에서 분노나 적의나 어떤 부정적 감정도 드러나면 안 된다. 따귀나 볼기를 맞은 건 빨리 잊는다. 하지만 무서운 눈길은 절대 잊지 못한다. 아이가 여러분에게 원한을 품고 조만간 앙갚음하려 들 수도 있다.

보통 부모는 아이 때문에 화가 나, 인내심을 잃어서 아이를 때린다. 아주 바람직하지 않은 반응이다. 신경질은 교육적 감정이 아니다. 따귀나 볼기를 때리는 행위가 부모의 신경질의 산물이어서는 안 된다. 오직 존중해야 할 규칙이 있음을 아이에게 이해시키려는 바람의 산물이어야 한다. 그래서 나는 때로 많은 사람들이 이상하다고 생각하는 방법을 제시하는 것이다. 아이를 훈육해야 할 때, 어머니는 줄곧 자신을 통제할 수 있어야 한다. 그리고 아이를 때릴 수밖에 없어 얼마나 우울한지 아이에게 표현해야 한다.

"나는 너를 때리고 싶지 않지만 나쁜 짓을 했으니 너는 맞아야 해."

이런 식으로 말하며 할 수만 있다면 눈물을 보이는 것도 좋다. 자, 그러고 나서 볼기를 때리라! 그러면 아이는 어머니가 슬퍼하고 괴로워하고 있음을 느낀다. 어머니가 그렇게 행동할 수밖에 없는 건 자신의 잘못 때문임을 느낀다. 이렇게 해서 아이는 깊이 생각해 보고 위반하면 안 되는 법칙이 존재한다는 것을 깨닫는다.

내가 이 점을 강조하는 이유는 부모들이 습관적으로 체벌 방식에 충분한 주의를 기울이지 않아서이다. 화가 난 상태에서는 아이를 절대 때리면 안 된다. 아이의 머릿속에 공정함이 아니라 증오와 냉혹함의 인상만 남기 때문이다. 반대로, 바람직한 교육을 위해서는, 아이가 아버지 어머니는 공정하며 공정하기 때문에 자신을 체벌한다고 느껴야 한다. 화난 상태로 체벌하는 부모의 행동 방식은 마법적 관점에서도 매우 나쁘다. 그 이유는 차차 설명하겠다.

화난 동작으로 아이를 때리면, 여러분의 감정이 만들어 낸 부조화의 흐름이 아이에게 전달되어 지극히 파괴적인 효과를 유발한다. 여러분에게서 나온 분노가 적의라는 흐름의 형태로 몇 달, 몇 년간 계속 아이에게 불리하게 작용할지 모른다. 이렇게 여러분은 자신도 모르는 사이에 부정적 힘들(negative forces)에 아이를 내어 주고, 아이는 이 힘들에 의해 지배당하게 되는 것이다. 자식을 도와주거나 보호해 주기는커녕 자기 마음속에서 나오는 너무 많은 부정적 힘들을 아이에게 전달하여, 아이 속에 있는 거룩하고 신성한 요소들을 파괴하는 부모들의 무지가 바로 이런 것이다. 이제라도 부모들은 화난 동작을 스스로 금해야 할 것이다.

우리가 온 지구상의 부모들을 교육할 수는 없다. 적어도 우주백색형제회의 형제자매들이라도 이 빛을 수용하기 바랄 뿐이다. 체벌은 해야 한다. 필요하다. 하지만 어둠의 영들의 영향권에 아이를 노출시키는 파괴적 감정을 아이가 느끼게 되면, 후일 아이들을 지도하려 할 때 뜻대로 되지 않는다. 부모가 하라는 대로 고분고분 순종하는 대신 아이는 어둠의 영들에 복종할 것이다. 여러분이 곰곰이 생각해 봐야 할 문제다. 그러므로 부모들이여, 체벌은 해도 좋지만 아이를 큰 위험에 노출시키지 않으면서 오직 위반할 수 없는 법칙들이 존재한다는 사실을 깨닫게 하려는 목적에서만 하라.

자연도 그리 하지 않는가? 겨울이다. 날씨가 춥다. 유리창이 깨졌다. 하지만 유리를 갈지 않으면 추위에 떨어야 하는 결과를 감수해야 한다.

"나 추워, 왜 좀 더 따뜻하게 해 주지 않는 거야?"

자연에 아무리 불평해 봤자 소용없다. 자연의 반응은 냉정하고 인정사정없다. 자신의 미숙함에 대해 성찰하고 그것을 바로잡아 장차 더욱 성숙한 모습을 보이려 노력해야 할 사람은 바로 자기 자신이다. 어머니도 자연처럼 자식한테 냉정하고 인정사정없어야 한다. 동시에 어머니 역시 법칙에 복종하는 모습을 보여 주어야 한다. 그래야 어머니는 아이에게 질서와 위계의 개념을 심어 줄 수 있다. 이런 의식을 가지고 법칙을 존중하는 어머니 밑에서 양육된 아이한테 우리는 훌륭한 것들을 기대할 수 있을 것이다.

모든 아이가 비슷하지 않음은 물론이다. 진화 정도, 기질, 힘, 건강, 그리고 더 많은 다양한 요인들에 따라 아이를 다르게 교육해야 한다. 상이한 경우들이 너무도 많아 보편적 규칙을 제시할 수도 없고, '이렇게 해라' 또는 '저렇게 해라'라고 지시할 수는 더더욱 없다. 아이마다 각기 특별한 교육 방법이 필요하다. 부모라면 어떤 방법을 사용해야 할지 알기 위해 아이를 잘 분석하여 현명하고 양식 있는 모습을 보여야 할 것이다.

분명한 것은 어떤 경우에도 부모는 아이 앞에서 완전무결해야 하며, 어떤 약점, 어떤 결함도 보이지 말아야 한다는 것이다. 애인을 따로 두고 있거나, 전쟁 중 적군과 들판에서 잠자리를 가졌던 어머니들의 사례를 보자. 집에 혼자 남겨 둘 수 없었던 어린 자식은 그런 어머니와 자리를 함께했다. 아이는 아무것도 이해 못한 채, 그냥 바라만 보고 있었다. 그러나 수년이 지나, 아이는 그때 일을 기억해 내고 이해하기에 이른다. 그 장면이 아이에게 입혔을 타격이 어머니를 대하는 아이의 태도에 어떻게 반영되지 않을 수 있겠는가? 왜 그렇게도 지각없는 어머니들이 많을까? 어린 자식들

앞에서 아무것도 기억하지 못할 것이라 믿으며 그런 부정적 행동들을 마구 저지르다니! 그런데 아니다. 아이들은 모든 것을 기억 속에 저장해 둔다. 사람은 누구나 절대 망각할 수 없는 세 살, 네 살, 다섯 살 적 사건들이 있다. 하루 전에 일어났던 일은 망각할 수 있어도 60년 전, 80년 전 경험했던 사건들은 기억한다.

부모가 약점이 있음을 보일 때, 아이들은 흔들리고 방향을 잃는다. 의지할 곳이 없어져서 그렇다. 아이들은 언제나 본능적으로 정의, 고결함, 능력, 완전함을 구현하는 사람들에게 의지하려고 애쓴다. 각자 내면에 정의와 진리에 대한 본능적 욕구를 지니고 있다. 부모가 비난받을 행동을 하는 모습을 보면 무언가 속에서 탈이 난다. 스스로 작고 약하다고 느끼는 아이는 자기보다 위에서 자신을 보호해 주는 확실한 권위를 느끼고 싶어 한다. 아이는 모든 것에 무지하지만 자기가 약하다는 것은 안다. 그래서 보호를 필요로 하고 어머니의 온기를 느끼기 위해 어머니 품에 꼬옥 안기기를 좋아하는 것이다. 단지 신체적 영역뿐 아니라 심령적 영역에서도 아이는 기댈 곳을 찾는다. 따라서 구체적 상황 속에서 기대에 미치지 못하는 부모의 모습을 보게 되면 아이는 어찌할 바를 모르게 되고 반항을 시작한다. 이것이 모든 비극의 근원이다.

아이는 어떤 약점도 보이지 않는 부모를 필요로 한다. 따라서 명령을 했는데 아이가 복종하지 않아도 부모가 용납한다면 이 또한 매우 바람직하지 않다. 부모가 명령을 내렸을 때는 아이가 시행하도록 강요해야 한다. 아니면, 아이는 부모가 어떤 단호함이나 일관성도 없음을 알아차릴 것이다. 아이가 부모에 대해 갖게 될 이런 이미지는 아이 교육에 방해가 될 뿐이다.

이 점과 관련하여, 매우 흥미로운 문제에 주목해 보자. 성인이 어떤 행동을 하려 할 때는 먼저 생각부터 해야 한다. 아이는 그러지 않아도 된다. 그의 뇌는 아직 깊이 생각할 준비가 되어 있지 않기 때문이다. 아이한테는 행동이 먼저다. 아이는 어른들의 요구를 검토 없이 실행한다. 행동부터 한다는 것이다. 아이와 어른의 행동 양식은 정반대다. 만일 아이가 행동하기 전에 먼저 이해하려 든다면 결코 아무것도 할 수 없을 것이다. 아이는 이해하기 전에 그냥 행동한다. 아이보다 먼저 이해한 사람들이 있기 때문이다. 아이는 그들을 신뢰함으로써 자신의 이해 발달 과정을 촉진시킨다. 진짜 이해는 나중에야 하게 된다.

아이는 부모의 요구에 따라 정확히 행동함으로써 똑똑해질 수 있다. 왜냐하면, 지성, 참된 지성은 이미 행동이나 다름없기 때문이다. 일의 성취는 언제나 지성이 실행을 주관한다는 사실을 전제로 한다. 일이 잘되었을 때 우리는, 그것은 지성의 업적일 따름이라고 생각하지 않는가. 지성이 눈에 보이는지 안 보이는지, 의식을 가지고 있는지 없는지는 별개의 문제다.

아이는 우리가 요구하는 것을 시행해야 한다. 아이는 설명을 필요로 하지 않는다. 어머니가 어린 아들을 어디인가 데려갈 때, 목적지를 상세히 설명할 필요는 없다. 비유로 말하자면, 아이는 어머니를 믿기 때문에 어머니가 자신을 물어뜯을 뱀, 곰, 멧돼지가 있는 곳으로 데려가지 않을 것을 알고 손을 맡긴다. 이런 식으로 아이는 성장한다. 하지만 자기 부모를 믿지 못하는 아이들, 그래서 예속이 싫고 자유롭고 싶은 아이들은 지성을 바르게 계발할 수 없다.

지금 이런 말을 시작하려 하지는 말라.

"네, 하지만 애들이 부모보다 훨씬 똑똑해서 부모에게 대드는 집들도 있죠."

나도 매우 비범한 아이들이 있을 수 있다는 것을 잘 안다. 하지만 그건 지극히 드문 경우다. 나는 일반적인 경우를 말하고 있는 것이다. 흔히 사람들이 나한테 믿으라 하는 것을 나는 믿지 않는다. 그들은 대부분의 아이들한테는 나름 천재성이 있기 때문에 멍청한 부모들에게 반항하는 게 옳다고 한다. 틀렸다. 아이가 한 가정에 일단 태어난 이상, 거기에는 이유가 있다. 아이가 그 집안에 와 있는 지금은 판단이나 비판을 하기에는 너무 늦었다. 그렇게 뛰어난 아이라면 왜 멍청한 집안에 와서 육화했겠는가? 그가 그 가정으로 온 건, 거기서 훈련받기 위해서이다. 아이는 훈련받으며 부모의 말을 들어야 한다. 보통 군인들처럼 군에 입대한 왕의 아들들도 많이 있었지만 거기서 남들과 똑같은 대우를 받고, 때로는 학대까지 받지 않았던가!

따라서 반박이나 비판은 아이가 해서는 안 될 일이다. 우리는 아이에게 무질서와 혼란을 일으키라고 하지 않는다. 그 가정에 온 이상, 아이는 먼저 가족과 발맞추어 행진하는 일부터 하는 것이 옳다. 아이의 탁월함이 진짜 증명되었을 때, 그때는 원하는 대로 할 수 있을 것이다. 하지만 그 전에는 아니다. 부모한테 순종하고 부모가 시키는 것을 하기로 수락할 때 비로소 아이의 지성은 깨어나기 시작한다. 이후 점진적으로 아이는 자신이 하고 있는 것의 이유를 이해하게 되는 것이다.

물론 부모의 완고함이 재앙적인 경우도 있다. 아이가 요구하는 건 영적 성격의 것인데 아이의 이상이 부모의 이해력을 너무 앞지르다 보니 거칠고, 무식하고, 부정직한 부모가 그의 이상 성취를 막는 경우다. 부모가 지속적으로 완고한 태도를 취하면 아이에게 많은 해를 끼칠 수 있다. 그러므로 부모는 보편적 규율을 제시할 때마다 매번 섬세한 의미를 알려주고 설명도 곁들여야 한다.

또한 부모는 본인의 의사를 표시하기 전에, 허락을 하거나 단호하게 거절하기 전에, 먼저 그 결과를 잘 헤아려 봐야 한다. 부모가 분별력이 없으면 어떻게 그리할 수 있겠는가? 의사를 표시하기 전에 먼저 알아야 할 것이 많다. 고려해야 할 요인이 많기 때문이다. 아이가 강한지…… 지금이 적기인지…… 아이의 행복을 위해 좋을지…… 보호해야 할 특별한 재능은 없는지…… 심지어 음식에 관해서도 여러 요인들을 고려해야 한다. 부모는 아이에게 좋다고 생각하는 음식을 먹으라고 강요해서도 안 된다.

그러므로 반복컨대, 어머니 아버지는 이런 질문을 먼저 스스로에게 던져 보기 전에 아이에게 절대적 복종을 강요하면 안 된다.

> "나는 무언가 선하고, 바르고, 신성한 것을 아이에게 요구하고 있는가?"
>
> "아이의 영혼이 이것을 소망하고 마음속 깊이 바라고 있을까?"
>
> "혹시 이것이 아이의 진보에 해가 되는 건 아닐까?"

일단 정보 조사를 하고 아이한테 무엇이 좋을지 확실하게 알아본 다음 수긍이 가면 허락이든 거절이든, 명령은 단호하고 확정적으로 내려야 한다. 그러면 아이는 복종할 것이다.

부모 자신도 따를 수밖에 없는 법칙들이 존재한다는 것을 아이가 반드시 이해해야 한다. 비전가들조차 이 자연의 대법칙에 복종한다. 실은 그들이야말로 그것을 먼저 준수해야 할 사람들이다. 어쩌면 그들은 항상 올바르지는 않은 인간의 법칙들은 좀 덜 지킬는지 모른다. 하지만 신성한 법칙, 우주적인 영원한 법칙 앞에서는 전적인 준수, 복종뿐이다. 우주백색형제회의 제자들 역시 이 점을 잘 배워 후일 자녀들에게 전해야 할 것이다.

그러므로 내 말을 잘 유념하라. 자녀를 향한 사랑이 많은 것은 좋다. 하지만 언제 어떻게 표현해야 할지 알아야 한다. 사랑을 드러내는 대신 지혜를 사용해야 할 때도 있다. 오직 이런 경우에만 진정 빛나고 유익한 사랑이라고 말할 수 있을 것이다. 무력하고 어리석은 사랑은 재앙이다.

XI 장
학교교육과 참교육

I

나는 종종 교육에 관한 질문을 받는다. 그때마다 이런 말을 해준다.

"여러분도 알다시피 지난 수년간 학교는 아동과 청소년을 위한 교육에 매우 힘써 왔습니다. 그런데 무엇이 개선되었습니까? 외적 측면뿐입니다. 실험실, 라디오, 영화관, 텔레비전, 운동장, 수영장 등이 갖추어진 더 크고 더 멋진 학교들이 제공되었지만 아이들은 좀처럼 나아지지 않았습니다."

"과거에는 외적 측면에 그다지 중요성을 부여하지 않았습니다. 아무 집이나 아무 마구간마저 학교로 사용되곤 했죠. 창문으로 바람이 들어오기 일쑤이고 종이로 틀어막는 일도 있었습니다. 비축된 장작이 없어 아이들은 멀리서 등교하면서 불을 때기 위한 장작을 각자 한 개씩 들고 오곤 했죠. 어떤 때는 아이들은 책이 없고 오직 선생님만 책을 한 권 갖고 있을 뿐이었고요. 하지만 그런 학교에서 탁월한 사람들, 강하고 고결한 사람들, 귀감이 되는 분들이 나왔습니다. 반대로, 모든 물질적 환경이 개선된 오늘날 학교는 망나니들, 교활하고 탐욕스럽고 부정직한 사람들을 너무 많이 배출합니다. 아! 그들은 교육을 아주 많이 받아 말을 유창하게 하고 여러분을 깜짝 놀라게 하는 데는 능하죠. 하지만 성품에 있어서는 믿음직하거나 고상한 점이 별로 없습니다."

내가 어떻게 학교를 다녔는지 이야기하면 믿기지 않을 것이다! 우리 아버지는 내가 아주 어렸을 때 돌아가셨다. 우리는 가난했다. 너무 가난해서 우리 어머니는 내게 책도 사 주실 수 없었다. 나는 종종 아침 식사도 거른 채 등교했다. 수업 시간에는 졸았다. 아니 거의 자다시피 했다. 쉬는 시간에는 친구들한테 책을 빌려 수업 내용을 일부라도 재빨리 습득하려 노력했다. 선생님이 질문을 하면 그 몇 분 동안 읽은 것 중 무어라도 다시 생각해 내려 애써야 했다. 내가 싸워야 했던 이 모든 어려움들이 내 속에 있던 잠재력들을 깨웠으며, 후일 나 자신이 그 혜택을 크게 보았음을 지금 나는 잘 알고 있다. 유복하게 살 때는 사람들이 무감각해진다. 인류를 위해 큰 공헌을 한 사람들은 자리를 잘 잡은 사람들이 아니었다.

아무것도 부족함이 없는 사람들, 그들이 하나같이 무엇에 대해 말하는지, 무엇에 관심을 갖는지 보라. 쓸데없는 말, 어리석은 짓들뿐이다.

이렇게 말하는 사람들이 많을 것이다.

> "하지만 시설이 좋은 이 학교들은 모두 아주 유익하죠. 우리 아이들을 기술자나 엔지니어로 만들어 줄 겁니다."

좋다. 동의한다. 아이들은 모두 여러분이 원하는 대로 될 것이다. 그런데 인류의 행복이 정녕 기술발진, 안락함, 속도에 달렸을까? 나는 결코 발전에 반대하지 않는다. 하지만 어떤 방향으로 발전하고 있는지 알아야 한다. 오늘날 인간들은 물질적 발전에만 관심을 갖는다. 마치 발전해야 할 많은 다른 분야들은 존재하지 않는 듯하다. 나는 발전에 전적으로 찬성한다. 그런데 어떤 유의 발전인가? 실제로 온갖 기술 향상이 이루어졌음에도 삶 자체는 향상되지 못하였다. 사람들은 더 행복하지도, 더 평안하지도, 더 빛을 발하지도 않으며, 건강조차 나아지지 않았다.

외적 측면을 발전시키겠다는 욕망이, 물론 갸륵한 욕망이긴 한데, 인간의 내적 측면 즉 성품은 소홀히 했다. 교사나 교수, 그리고 부모들마저 아이들에게 더 좋은 책, 더 개량된 설비를 제공하기만 하면 충분하다고 생각했던 것이다. 하지만 불행히도 그다지 좋은 성과를 내지 못했다. 물론 많은 사람들이 그 점을 인식하고 있다. 시설 개선, 훈계와 징벌에도 불구하고 아이들은 좀처럼 나아져 보이지 않는다. 오히려 그 반대다. 어째서 그럴까? 그 이유는 아이들 눈앞에 살아 있는 본보기가 없기 때문이다.

교육에 좋은 성과가 따라오려면 선생님이나 교육자가 모범이 되어야 한다. 특히 최초의 교육자는 부모이기에 만일 부모에게 부모로서의 사명감이 없다면, 만일 부모가 충고를 한 뒤 자신의 말과 상반된 행동을 한다면 아이들은 금방 무언가 잘못되고 있음을 알아차린다. 그리고 부모는 권위를 잃는다. 뿐만 아니라 아이들도 그 본을 따르기 시작한다. 그들은 남을 위한 진리와 자기 자신만을 위한 진리, 두 가지의 진리가 있다는 것과 체면만 유지된다면 자기가 원하는 것은 뭐든 다 할 수 있다는 것을 깨닫는다. 그렇게 모든 아이들이 남을 속이고 기만하는 능력을 기르는 훈련을 받는다. 바로 면전에 본보기가 있기 때문이다.

오늘날 교육자들은 대부분 직업에 대한 참된 소명감이 없는 지식인들이다. 피상적 지식을 어느 정도 전달하는 책은 좀 읽었으나 내면에 교육자로서의 요건은 하나도 갖추고 있지 않다. 진정한 교육자는 태생적으로 타고나야 한다. 아이들은 오로지 교육자의 현존, 시선, 그에게서 흘러나오는 것들에 의해 교육받는다. 우리는 역사 속에서 아이들에게 좋은 영향을 주는 그런 사랑과 도덕적 자질을 갖고 태어난 사람들이 있음을 보아 왔다. 아이들은 아주 민감해서 멀리서도 당신이 스승인지 아닌지 느낄 수 있는 동물과 같다. 말을 보라. 기수가 겁쟁이면 말은 그걸 느끼고 바닥에 주저앉아 버린다. 그렇지 않을 때는 복종한다. 아이들도 이런 천부적 직관을 가지고 있다.

갈수록 더 많은 교수, 교사들이 자신들의 교육 방법에 문제가 있음을 인정한다. 장차 그들은 어린 학생들을 교육하려면 자기 자신부터 나무랄 데가 없어야 함을 깨닫게 될 것이다. 아니면 아이들에게 좋은 영향을 끼칠 수 없다. 왜일까? 이미 말한 바와 같이 아이들은 동물적 후각을 지니고 있기 때문이다. 대개 그들의 판단은 틀리지 않는다. 나는 어른들의 판단은 무섭지 않다. 하지만 아이들의 판단은 무섭다. 그들의 판단력은 뛰어나다. 아이들의 의견은 나에게 매우 소중하다. 그들은 진실을 보고, 느끼고, 냄새마저 맡는다.

바르나에서의 중학생 시절, 1914년에서 1918년경 전쟁 중 있었던 일이다. 우리 선생님들은 대부분 전선으로 떠나야 했다. 그래서 일정 기간 우리를 가르칠 대리교사들이 왔다. 한 해에 연이어 두 명의 수학 선생이 온 적이 있었다. 첫 번째 선생은 교실에 들어오기만 하면 금방 귀청 떨어지는 소란이 일었다. 학생들은 낄낄 웃어 대고 야유를 시작했다. 선생은 학생들을 조용히 시키려고 할 수 있는 모든 걸 다 했지만 아무 소용 없었다. 고함치고, 과장된 동작에 위협까지…… 다 쓸데없었다. 교장선생님을 모셔온 적도 있었다. 하지만 교장이 떠나면 곧 소동과 웃음은 다시 시작되었다. 그는 착한 사람이었다. 나는 그가 불쌍했다. 내 급우들이 왜 그리 잔인한지 이해가 안 되었다. 어느 날 그들의 태도에 너무 화가 치민 나는 선생님이 없는 동안을 틈타, 그들이 하는 짓은 멋있는 게 아니라고 말하며 친구들을 설득했다. 그들은 얌전해지기로 동의했고 하루 이틀간은 좀 나아졌다. 하지만 이후 소란은 다시 시작되었다. 실은 학생들의 그런 반응을 유발한 건 선생님 자신이었던 것 같다. 마치 무언가가 그에게서 빠져나와 소동과 폭소를 일으킨 듯 말이다.

어느 날 그는 학교를 떠났고, 키가 아주 작은 사람이 대신 왔다. 그 선생은 우리를 쳐다보지도 않고 교실로 들어왔다. 그런데 그가 등장하자마자 학생들은 곧 조용히 자기 자리에 앉아 더 이상 움직이지 않는 것이었다. 그는 탁상 위에 출석부를 놓고 침착한 목소리로 수업을 시작했다. 그는 절대 성을 내지 않았다. 절대 우리를 위협하지 않았다. 절대 벌을 주지도 않았다. 우리에게 가르치는 내용을 그는 완벽히 알고 있었으며 결코 주저하는 법이 없었다. 우리는 모두 공부에 전념할 수밖에 없었다. 당시 열대여섯 살쯤이었던 나는 깊은 인상을 받았다. 그리고 전혀 특별할 것도 외적으로 주목할 만한 것도 하나 없는 이 왜소한 선생은 내 기억 속에 깊이 자리

잡았다. 그의 지식뿐 아니라 그의 존재 자체와 그에게서 뿜어 나오는 것 역시 우리를 압도하였다. 실제로 선생이 거의 아무것도 하지 않으면서 학생들을 금방 압도하는 비슷한 경우는 학교에서 흔히 볼 수 있다.

인도의 숲속에서 호랑이, 코브라와 함께 살고 있는 요기들의 경우도 마찬가지다. 저들은 결코 감히 요기들을 해하려 접근하지 않는다. 요기들은 자신들이 지닌 순수함과 덕목으로 인해 동물들이 느낄 수 있는 녹득한 진동을 낸다. 그래서 동물들이 그들을 존경하는 것이다. 반대로 다른 사람들에게는 달려들어 물어뜯거나 잡아먹는다.

갈수록 학교교육(Instruction)의 중요성이 내두되고 있는 이유는 덕분에 가장 명예롭고 가장 보수가 좋은 최상의 지위에 도달할 수 있으리라는 것을 모든 사람이 알게 되어서이다. 그러는 동안 참교육(Education)은 등한시되었다. 참교육은 이런 특혜를 제공하지 못하기 때문이다. 정반대이다. 도덕적 가치에 우선을 두는 사람은 거의 언제나 영악하고 뻔뻔스러운 사람에 의해 배척당한다. 그래서 대학 졸업장 취득하는 일보다 성품 고치는 일에 힘쓰기가 더 어려워진다.

아무튼 거기에도 역시 부모들의 잘못이 크다. 물론 부모들은 아이들이 순종하고, 성실하고, 공손하고, 정직할 때 만족해한다. 그런데 반에서 일등을 하거나 시 낭송, 소극 등에 참여하여 주목받을 때 더 만족해한다. 이렇듯 부모들에게 중요한 것은 아이들의 지적 자질이지 도덕적 자질이 아니다. 이는 내가 직접 보고 확인한 것이다. 후일 많이 배워 학식도 생기고 뭔지 모를 사상에 영향을 받고 나면, 아이들은 부모에게 등을 돌리고 비판과 비난을 퍼붓기 일쑤다. 그때가 돼서야 저 가련한 부모들은 아연실색한다. 부모는 자녀들을 학교에 보내 공부시키느라 많은 희생을 했건만, 이제 그들은 많이 배웠다고 부모 가슴을 아프게 하는 것이다.

그러므로 나는 자녀를 둔 모든 부모들에게 이렇게 충고하고자 한다.

> "여러분이 언젠가 자녀들에게 제공한 교육에 거꾸로 당하지 않으려면 비전학의 진리를 수용하시오. 내면의 빛을 증가시키시오. 그러면 여러분은 학교 선생들보다 백 배 더 아이들의 영에 좋은 영향을 끼칠 수 있을 겁니다."

자녀에게 학교교육을 보장해 주었으니 가장 핵심적인 일은 했다고 생각하면 안 된다. 그렇다. 그런 착각은 두 세대 간에 전쟁만 일으킬 뿐이다. 왜냐하면 자녀들은 학교에서 부모들이 지닌 지식과 동떨어진 지식을 얻기 때문이다. 자녀들이 자격증과 소위 우월성을 갖고 돌아왔을 때, 부모는 그들을 도무지 이해할 수 없다. 부모는 자녀들의 배은망덕하고, 무례하고, 폭력적인 모습을 보는 것이 슬프고 억울하다. 하지만 누구에게 잘못이 있을까? 부모 자신이다. 자녀들의 학식이 아무리 많아도 언제나 부모가 자식보다 우월하다고 느끼게 해 줄 그런 빛과 덕목들을 얻기 위해 왜 아무 노력도 하지 않았는가? 그렇다. 너무 고결하고, 높고, 빛나고, 힘이 있어, 자식이 절대 넘어설 수 없는 존재가 되는 것, 이것이 모든 부모의 목표가 되어야 한다.

부모가 정말 자녀들을 아주 가까이 두기 원한다면, 그들의 사랑과 칭송을 받기 원한다면, 버림받기를 원치 않는다면, 자녀에게 훌륭한 본보기가 되어야 한다. 그러지 않으면 경고하건대, 여러분은 아이들을 잃게 될 것이다. 유복함이라는 해답만 믿는다면 아이들은 허약하고 상처받기 쉬운 사람이 되어, 문제가 생기는 날 무너져 버릴 것이다. 무너져 버리는 것이 어디에 소용된단 말인가? 그 지경까지 가면 안 된다. 깊이 성찰하고 노력하여 어려움이 생길 때 극복할 수 있어야 한다.

학교교육에 지나친 비중을 부여한 게 원인이 되어 오늘날 온갖 종류의 비정상적 현상들이 쉽게 목격된다. 물론 학교교육은 필요하다. 없어서는 안 된다. 하지만 우리는 너무 많은 무익한 지식으로 아이들을 죽이고 있는 중이다. 게다가 학업을 마치고 시험이 끝나면 그들은 곧 서둘러 모든 걸 뇌에서 지워 버린다. 결국 금방 다 잊어버리고 인생의 핵심적인 것은 하나도 배우지 못했다면 왜 그토록 많은 지식을 쌓았나? 왜 그토록 오랜 세월을 허비했나? 비전가들이 교육 문제를 바라보는 방식을 소개하면서 이제 본질적인 것을 말하겠다.

비전가들은 인간이란 한 왕국에 비견되는 존재로, 백성은 세포들이고 인간 자신은 왕이라는 사실을 잘 알고 있다. 하지만 불행하게도 대부분의 경우 폐위당한 왕에 불과하다. 나라를 지혜롭게 다스릴 줄 몰라 국민들에게 타도당한 것이다. 왕은 세포들이 모두 정확하게 자기 임무를 완수할 수 있도록 가르쳐야 한다는 걸 알지 못했다. 군주의 역할을 잘하기는커녕, 온갖 종류의 쾌락을 찾아 뛰어다니기에 바빴다. 그 결과 국민의 필요에 관심을 기울일 시간은 남지 않았다. 무익하고 범죄적이기까지 한 활동에 빠져 있는 동안, 측근은 아무것도 알아차리지 못한 채 어쩌면 왕만 추앙하고 있었을는지 모른다. 하지만 세포들은 왕을 노리고 있었고, 왕은 그들로부터 몸을 숨길 수 없었다. 그러던 어느 날 그들은 마침내 이 자격 없는 군주를 타도한다.

우리의 세포들은 살아 있고 지성도 있다. 그들은 우리를 감시한다. 그들은 항상 우리와 통신하기 때문에 우리는 그들의 감시를 피할 수 없다. 우리의 아주 사소한 부정이나 술수도 세포에 기록되고 얼마 지나 그들 또한 우리를 본보기 삼아 그대로 따라 한다. 그들은 말한다.

> "자, 먹고 마시자. 노략하자. 주인도 우리와 똑같고 우리도 주인과 똑같다."

우리 세포들이 우리를 본보기로 삼아 모방한다는 사실, 사람들은 그것을 모른다. 다른 사람 교육에 뛰어들기 전에 각 사람은 먼저 자기 세포들의 교육자가 되어야 한다. 왕이 나쁜 본을 제공하면 국민은 왕을 모방하고 그 다음 그를 폐위시킨다. 반대로 왕이 선함, 고결함, 정직함의 본을 보여 주면 역시 왕을 모방하는 왕의 세포들은 그를 지지하기 위한 일이라면 무슨 일이든 마다하지 않는다. 그 세포들은 너무 순종적이고 너무 빛을 발해 그 광채가 외부까지 드러난다. 그 광채, 그 발출물은 인간, 동물, 심지어 식물에까지 영향을 미친다.

수고와 명상, 그리고 순수함으로 자신이 내면에 창조한 것은 먼저 내적으로 자기 세포들에 반사되고, 그 다음 밖으로 나와 외부에 영향을 준다. 여러분이 이 법칙을 모르면 어떤 진정한 성취에도 이를 수 없다. 모든 것은 물리적 차원에서 구체화되기 전에 먼저 내적으로 창조되고 조직화되기 때문이다.

좋은 본이든 나쁜 본이든 오직 남들한테 보여 주는 것이라 생각하지 말라. 아니다. 먼저 여러분의 세포들에게 보여 주는 것이다. 여러분이 무질서 속에서 사는 것을 세포들이 보면 그들 역시 무질서한 모습을 보인다. 그때 그들을 복종시키기는 불가능해진다. 여러분이 그들을 제압하려 해도 그들은 말을 듣지 않는다. 이제 더 이상 성욕, 분노, 식탐 등을 절제 할 수 없다. 반면 만일 여러분이 세포들의 신뢰를 얻는 데 성공하면 그들에게 큰 힘을 행사할 수 있다. 여러분이 안 좋은 상태에 있게 되어도 몇 분만 정신집중을 하고 나면 세포들은 복종한다. 그리고 여러분은 평화와 빛을 되찾는다.

그러므로 만일 지금까지 여러분의 세포들에 바람직하지 못한 본을 보였다면 이제는 더 나은 태도, 더 나은 행동 양식을 보여 주라. 여러분을 바라보는 세포들이 그 변화들을 참작할 것이다. 그리고 새로이 여러분을 모방하려 할 것이다. 처음에는 물론 새 행동이 스스로에게 별로 자연스러워 보이지 않겠지만 점차 괜찮아질 것이다. 그리고 여러분은 끊임없이 세포들의 지지를 받으며 한 방향으로 전진하게 될 것이다.

이렇게 먼저 자기 안에 있는 자기 자식들을 대상으로 작업한 사람은 밖에 있는 다른 아이들, 나아가 어른들까지 교육할 수 있다. 그런 사람은 속이 비지 않았다. 반대다. 꽉 차 있다. 힘이 있다. 진동한다. 그가 진정한 교육자라는 것, 공정함과 일관성이 있다는 것, 시늉만 하지는 않는다는 것을 모든 사람이 느낀다. 그렇다. 그 사람 속에 거하는 주민들이 그를 지지해 주고 그에게 힘을 준다. 따라서 그의 존재 자체가 마법이다. 무슨 말을 하든 그는 성과를 얻는다. 그 사람의 전 존재가 그런 방향으로 일하는 데 습관이 들었기 때문이다. 외면과 내면이 양 방향으로 나뉘지 않았기 때문이다.

우리는 외적으로 보이는 모습 그대로 내적으로도 동일한 그런 온전함과 일관됨에 이르러야 한다. 그때 우리는 교육자로서 힘이 매우 강해질 수 있다. 그야말로 진정한 힘, 마법적 힘을 갖게 된다. 모든 세포들이 진실된 무언가를 뿜어내기 때문이다. 그렇게 되지 못한다면, 음성기관 세포들만 홀로 진실의 광선을 조금 뿜어내고 나머지 세포들은 모두 이렇게 아우성칠 것이다.

"아니요, 아니요, 아니요, 거짓이에요!"

진정한 마법은 진실함과 일관됨 속에 있다. 마법이란 언제나 모든 힘들, 모든 에너지들의 통합을 전제로 한다. 분리와 분산 속에는 어떤 마법도 존재하지 않는다. 내가 마법을 논할 때 알아야 할 점이 있다. 나는 마법에 관여하는 사람이 아니다. 마법이나 마술 관련 책은 읽지도 않는다. 오래전 개념 파악을 위해 책장을 넘겨본

적은 있다. 그런 책들을 읽느라 낭비할 시간이 어디 있는가? 내게는 우주 전체, 인생 전체가 마법이다. 그 진짜 마법책이 여기 우리 모두 앞에 펼쳐져 있는데 사람들은 읽을 줄을 모른다.

실제로는 세 부류의 교육자가 있다. 첫 번째 부류, 자기는 아무것도 존중하지 않는 모습을 보이면서, 자녀들이나 학생들에게 규율을 지키라고 요구하는 사람들이다. 두 번째 부류, 자기애와 허영심 때문에 위신을 지키려고 다른 사람들 앞에서는 실제로 본을 보이면서 비밀리에 많은 과오를 저지르는 사람들이다. 세 번째 부류, 비전가들이다. 비전가는 이중적이지 않은 참된 교육자이다. 그가 말하는 것, 소망하는 것은 완전히 그 사람 자체이다. 그의 몸이요, 그의 본질이다. 교육자라면 거기까지 도달해야 한다.

그러므로 나는 여러분에게, 나한테 가장 위대한 교육자는 태양* 이라고 말하고자 한다. 그렇다. 태양은 나의 스승이다. 태양은 내게 이렇게 말한다.

> "내 말을 믿으라. 소위 교육자라 하는 사람들은 진정한 교육학에 대해서는 하나도 모른다. 그들은 남들을 따뜻하게 해 주려면 자기가 따뜻해야 하고, 남들을 비춰 주려면 자기가 빛나야 하고, 남들에게 생

---

* 빛(지혜)과 온기(사랑)와 생명력을 전달하는, 지구상에서 신을 가장 잘 표상해 주는 존재.

명력을 주려면 자기한테 생명력이 있어야 함을 모른다. 교육자들은 자기도 가지고 있지 않고 본도 보일 수 없는 윤리적 덕목들을 젊은 세대에게 강요하려 한다. 그러면서 어떻게 젊은이들이 저항하지 않기를 바란단 말인가? 순종하지 않는 게 당연하다."

그렇다. 태양이 내게 말한 내용 그대로다.

참된 교육자라면 자신이 가르치고자 하는 덕목을 스스로 뿜어내야 한다. 전염성이 있고 활력을 주며 불가항력적인 무언가가 그 사람으로부터 흘러나와야 한다는 것이다. 진짜 시인, 진짜 음악가는 다른 사람들을 시인, 음악가로 만든다. 진실로 사랑이 많은 자는 남들도 사랑이 충만하게 만든다. 용맹이 넘치는 대담무쌍한 장군은 자기 병사들에게 영향을 끼친다. 그들은 용감하게 돌진하여 승리를 거둔다.

한편, 떨리는 목소리로 겨우 외치는 겁쟁이 장군을 상상해 보라.

"돌진!"

아무도 그를 따르지 않을 것이다.

교육자들은 말한다.

"착해야 한다. 정직해야 한다."

"이래야 한다. 저래야 한다……."

과연 그들은 그러할까? 자신들도 그렇지 못하면서 어떻게 젊은 세대들을 설득하려 하는가?

현행 교육은 표면, 외곽에 머물러 있다. 진짜 교육학은 중심의 교육학이다. 내적으로 고상하고 정의롭고 정직하다면, 아무 말 하지 않고도 주변 사람들을 고결하고 정의롭고 정직한 사람으로 만들 수 있다.

본을 보이는 것, 이것이야말로 마법적 힘을 지닌 참된 교육학이다. 아무리 반복해서 말해도 부족할 뿐이다. 나머지는 그냥 심심풀이요, 허튼소리다. 안다. 읽는다. 설명한다. 이론을 만든다. 그런데 본을 보일 능력은 안 된다. 나는 더 이상 교육학 책을 읽지 않는다. 책은 너무 많은데 서로 모순된다. 내게 여러 나라의 교육, 새로운 시스템, 새로운 경향에 대해 질문한다면, 나는 전혀 아는 게 없다고 말할 수밖에 없다.

나의 모든 에너지, 나의 모든 의지는 이 유일한 생각에 집중되어 있다.

"어떻게 하면 모범이 될까?"

II

학년 말이 되면 교사나 교수들은 매우 피곤해 한다. 꼭 아이들을 돌보는 게 힘들어서가 아니다. 흔히 봉급쟁이 영의 상태로 직무에 임하기 때문이다. 그들에게는 무엇보다 생활비 버는 게 우선이다. 아이들은 그들의 관심사가 아니다. 하늘이 자신에게 맡긴 이 모든 아이들의 영혼을 대상으로 하는 사역, 그 사명의 중대성을 결코 깨닫지 못하고 가능하면 빨리 자기 임무를 끝내려고만 한다. 아이들에게는 부족한 점이 많다. 동의한다. 하지만 교육자의 길을 선택한 이상, 아이들의 미래를 생각하고 배려하고 사랑해 주어야 할 의무가 있다. 아이들은 사랑과 애정에 민감하기 때문에 사랑해 주면 오래지 않아 결국 변화하게 되어 있다.

50년도 더 전, 내가 불가리아에 살고 있을 때 일이다. 인생 말년에 글을 배우기로 결심한 노파 한 분이 있었다. 그녀가 젊었을 때는 전혀 배울 여건이 못 되었다. 70세 나이에 노파는 학교에 다니게 해 달라는 요청을 했다. 아주 작은 마을이었는데 교사가 흔쾌히 수락했다. 그런데 한번 상상해 보라. 자기들과 똑같이 학교 책상에 앉아 있는 노파를 두고 아이들이 어떻게 반응했을지! 그들은 노파를 놀려 대고 괴롭혔다. 하지만 그녀는 절대 화를 내지 않았다. 그뿐 아니라, 아이들을 쓸어주고 안아주고 소소한 선물까지 주곤 했다. 오래지 않아 아이들은 그녀를 놀리기는커녕 오히려 아주 좋아하게 되었다. 그러던 어느 날 그녀는 감기에 걸려 학교를 결석했다. 아이들은 모두 그녀의 집에 찾아가 그녀와 함께가 아니라면 공부하기 싫다며, 빨리 나아 학교에 나오라고 애원했다.

그렇다. 하지만 아이들에게 그런 효과를 일으킬 수 있으려면 큰 사랑과 큰 인내심을 가져야 한다. 세상에는 가끔 대단한 교육자들도 있다. 자기 자신은 별로 교육받은 것도 없는데, 사랑으로 어려운 아이들을 돌봐 교육에 큰 성공을 거둔 페스탈로치 같은 분들이다. 하지만 그런 경우는 매우 드물다. 아이들을 교육하는 일은 엄청난 과업임을 나는 잘 알고 있다. 내가 이렇게 실감나게 말할 수 있는 건, 불가리아에서 나 역시 교사, 나중에는 중학교 교장까지 지냈기 때문이다. 나는 사랑과 인내가 아이들에게 어떤 결과를 일으키는지 직접 경험한 사람이다. 아이들한테 학교에서 있었던 모든 이야기를 들은 어떤 학부모들은 선생인 나를 찾아와 감사를 표하고 선물까지 주는 일마저 종종 있었다. 그때마다 나는 몸 둘 바를 몰랐다. 내가 프랑스로 떠날 때는 모두 역까지 나와 눈물을 흘리며 배웅해 주었다. 그 순간은 절대 잊을 수 없을 것이다. 대부분 벌써 할머니, 할아버지가 되어 있을 그 아이들을 나는 가끔 생각한다.

교육자가 의식적으로 영적 요소들을 아이들의 마음과 영혼 속에 넣어 주면, 이 요소들이 먼 훗날까지 계속 작용하기 때문에 아이들은 자기를 위해 수고했던 분들을 평생 기억한다. 하지만 현 상황에서는 교사나 교수를 그다지 기억하지 못할 것이다. 혹은 설사 기억한다 해도, 수년이 지났음에도 미워하거나 조롱하기 일쑤다. 이는 그들이 한 일이 어떤 의미도 없었음을 증명하는 것이다. 그 속에 빛도 양심도 사랑도 전혀 들어 있지 않았기 때문이다.

교육자가 아이들을 사랑하면 그리 피곤하지 않다. 신경계는 어떤 타격도 받지 않고 그대로 보호받는다. 하지만 사랑을 제거해 보라. 인내심도 제거해 보라. 일생 여러분을 기억할 친구들을 통해 여러분이 이룩한 신뢰도 제거해 보라. 여러분은 전혀 쓸모없는 존재가 될 것이다. 특히 아이들이 아직 아주 어릴 때 사랑해 주면 여러분은 수호천사의 마음을 살 수 있다. 아이마다 돌보고 교육하는 담당 수호천사가 있다. 수호천사는 종종 큰 어려움을 겪는다. 아이가 다른 해로운 영향을 받을 때 그렇다. 수호천사는 아이를 정성껏 돌보지만 그가 모든 걸 다 할 수 있는 것은 아니다. 따라서 자기가 맡은 아이를 돕는 누군가를 발견하면 너무 행복해 한다. 그리고 그에게 상을 준다. 여러분이 아이를 위해 바람직한 수고를 하면 아이의 마음을 얻는다. 학부모의 마음도 얻는다. 아이들이 선생님과 있었던 모든 일을 부모한테 보고하기 때문이다. 그게 전부가 아니다. 아이를 돌보는 수호천사들의 마음마저 살 수 있다. 가능한 한 빨리 아이들에게서 벗어날 생각을 하는 대신, 열심히 수고하는 것이 더 가치 있지 않을까? 그게 어렵다면 교육자가 되지 않는 편이 낫고, 이미 교육자가 되어 있다면 직업을 바꾸라고 충고하고 싶다.

아이들과 더불어 일할 때 꼭 알아야 할 방법론이 있다. 원한다면 아이들 생각은 하지 말고 여러분 자신만 생각하라는 것이다. 기진맥진 무너지지 않으려면 더 침착하고, 더 인내하고, 더 신중해지도록 노력하라. 그래야 에너지를 많이 아낄 수 있다. 아니면 항상 신경이 곤두서고 항상 긴장하게 되어 결국 병이 나고 만다.

아이들을 나무라느라 시간을 보내는 교사, 교수들이 너무 많다. 아이들을 바꾸지 못하니까 나무라기만 한다. 아이들을 바꾸고 싶어 하는 그들 자신은 무슨 훌륭한 점들을 보여 주고 있을까? 대부분 너무 평범하고 너무 무능하기만 한 그들인데, 어떻게 아이들을 교육한다고 주장하는 걸까? 소명을 받지 않은 경우도 흔하다. 다른 직업으로 부름을 받았는데 교육자가 되어 있는 것이다. 그들은 결코 자신들의 임무가 아이들의 혼과 영을 상대하는 일이며, 사랑의 힘으로 아이들 속에 신성한 무언가를 새겨 주는 일임을 생각하지 못한다. 미래의 교육자들에게 변화와 교육과 개선을 가능케 하는 사랑의 힘에 대해 가르치는 대학, 그런 대학이 과연 있을까?

나는 언제나 가장 좋은 직업, 가장 고상한 직업은 교육자라고 말해 왔다. 이는 물론 모든 사람의 의견이 아니다. 대다수가 이 직업은 별로 희망하지 않는다. 물리학자, 변호사, 의사는 좋다고 한다. 그런 직업들은 좋아할 만한 가치가 있다고 여긴다. 반면, 교사라는 직업은 무시하는 편이다. 그들에게 있어 아이들을 가르치는 따위의 일은 거의 아무것도 아니다. 실은 가장 중요하고 가장 의미 있는 직업인데 말이다. 아이들을 교육하는 일은 신성한 일이다. 그래서 나는 아직은 과소평가 받는 심리학과 교육학이 최고가 될 시대가 올 거라고 줄곧 말해 왔다. 그때가 멀지 않다.

인간 존재, 인간의 심리와 교육, 갈수록 이 문제가 관심의 초점이 되고 있다는 말이 계속 들려온다. 이 문제가 해결되지 않는 한, 인류에게는 성공도, 안정적 행복도 있을 수 없음을 깨달았기 때문이리라. 모든 사람이 이 문제를 논하게 될 날이 머지않았다. 다만 변화가 필요하다고 느끼는 것과 진짜로 변화를 가져오는 것은 별개다. 정치 분야에서 일어나는 일을 보라. 모두 이것도 바꿔야 한다, 저것도 바꿔야 한다며 변화를 말한다. 변화에 대해 말하기는 쉽다. 하지만 변화를 일으킬 준비가 진정 되어 있지 않다면 저들은 어릿광대에 불과할 따름이다.

여러분이 교육자로서의 임무를 잘 감당하려면 대학에서 삼사 년 공부하는 것으로는 충분치 않다. 평생, 아니 심지어 여러 생이 필요하다. 교육학의 비밀은 비전학 속에 들어 있다. 내면, 즉 가슴과 혼과 영혼 속에 교육의 기본을 갖추어야 한다. 이 기본원리는 진동한다. 밖으로 저절로 뿜어나와 남들에게 영향을 준다. 입도 열지 않았는데 그들은 여러분을 모방하고 싶어 한다. 여러분 속에 빛나고 따뜻하고 살아 있는 무언가가 있다는 걸 알아차린 것이다. 저 빛과 온기와 생명력이 여러분이 설명하고 싶어 하는 모든 것을 그들이 더 잘 이해하도록 돕는다.

우리가 지식을 늘어놓는다고 해서 사람들에게 큰 영향을 줄 수 있는 것이 아니다. 지식은 강력한 방편임에 틀림없다. 적절한 논법으로 많은 것을 사람들에게 이해시킬 수 있다. 하지만 그것으로 충분하지 않다. 아무리 잘 이해해 봤자 움직이지 않을 것이기 때문에 아무 쓸모가 없다. 오직 사랑, 신념, 믿음만이 자극과 영감을 줄 수 있는 힘이다. 그 힘은 살아 있다. 사랑과 믿음이야말로 진정한 힘이다. 정신적 지식은 갖추고 있되 그것밖에 없는 사람은 인생의 어려움 앞에서 흔들리기 마련이다. 그는 약하다. 겁쟁이다. 반대로 사랑과 믿음이 있는 자는 별 지식이 없어도 계속 전진하고 상승한다. 모든 장애에 용감히 맞선다.

> "만일 너희에게 믿음이 겨자씨 한 알만큼만 있어도 이 산을 명하여 여기서 저기로 옮겨지라 하면 옮겨질 것이요……."

복음서에 쓰여 있는 구절이다. 분명 이 말씀은 상징적이다. 인간들이 산의 위치를 바꾸기를 예수가 바랐던 것은 절대 아니다. 산들은 지금 있는 그곳에서 잘 지내고 있다. 그 산들을 다른 곳으로 옮기려 하지 말라. 가만 놔두라. 특정 흐름들, 특정 발출물들을 퍼트리라고 자연이 아주 지혜롭게 산들을 그곳에 배치해 놓은 것이다. 예수가 말하는 산이란 인간의 지성, 마음, 의지 속에 놓여 있는 다른 산들이다. 사람들은 이 어둠, 이기주의, 게으름이라는 산들은 등한시하고 신께서 만들어 놓으신 아무 죄 없는 아름다운 산을 공격하려 한다. 예수가 산을 옮겼던가? 아니다. 그는 그런 부류의 일에는 관심이 없었다. 대신 사람들의 머릿속과 마음속에 있는 산과 왕국과 대륙 전체를 옮겼다. 지구 전체를 갈아엎었다.

오늘 내가 하는 말을 유념하라. 지식을 쌓는 것만으로는 충분치 않다. 사랑과 믿음과 용기를 갖추기 위해 노력해야 한다. 아니면 여러분은 계속 허약한 채로 남게 될 것이다. 도서관에서 온 시간을 보내며 책 속에 빠져 침식을 잊은 사람처럼 말이다. 그런 사람은 계속 책을 읽고 또 읽지만 점점 더 허약해지고, 창백해지고, 생기가 없어진다. 그리고 얼마간의 시간이 지나면 모든 것, 독서마저도 던져 버릴 수밖에 없다. 만일 여러분이 지금도 책에서 얻는 지식을 선호한다면 계속 그렇게 하라. 하지만 여러분은 점점 메마른 사람으로 변해 갈 것이다. 사랑도 선도 흘러나오지 않을 것이다. 토론, 비판, 분석만 하는 차갑고 메마른 지성, 내면의 무질서에서 빠져나오지 못하는 지성만 남게 될 것이다.

흔히 철학 전공 학생들한테 일어나는 일이다. 대학에서 학업을 마칠 무렵이면 그들은 자신들이 공부한 모든 사상, 서로 모순된 그 잡다한 시스템으로 인해 완전히 갈피를 잡지 못할 지경이 된다. 당연한 결과이다. 철학 공부 속에는 진짜 철학만 빼고 다 들어 있다. 모든 시대, 모든 나라의 인간들이 이룩한 신통찮은 연구 결과들이 소개되어 있다. 그런데 흔히 이 자칭 철학자들은 자신들의 제한된 지성을 통해서만 문제를 고찰하는 지극히 평범한 사람들에 불과하다. 이집트 비전 전수에 관한 강연에서 언급한 바 있는, 고등한 세상에 대한 참 지식을 지닌 사상가들만 예외다. 젊은 층이 연구하는 사상가들은 결국 그들을 혼란 상태에 빠트린다. 거짓과 진실을 구분하는 분별력을 없애고 믿음도 앗아간다.

아무것도 절대 믿으려 하지 않고 무질서 가운데 빠져 사는 젊은 층을 데리고 우리가 할 수 있는 일이 무엇일까? 그들이 그렇게 사는 게 철학의 목표일까? 이 사람은 이렇게, 저 사람은 저렇게 생각하는 내용을 아는 것이 무슨 유익일까? 오로지 진정한 철학만 젊은이들에게 제공되어야 한다. 살아 있는 자연이라는 거대한 책 속에 들어 있는 철학이 진정한 철학이다. 하지만 교수들은 무엇이 진정한 철학인지 모르고 거짓 사상과 참 사상의 혼합물을 제시한다. 약간의 참과 많은 거짓의 혼합물을. 그런 식으로 학생들을 계속 가르치는 것은 무질서와 자살의 파도를 예비하는 일임을 알아야 할 것이다.

그러므로 이제 진정한 철학이란 여러분에게 생명과 사랑과 믿음을 주는 철학이라는 사실을 인정하라. 진짜 철학은 팽개치고 신통찮은 철학에 정신없이 뛰어들지 않도록 주의하라. 그런 부류의 철학은 어쩌면 독창적일 수는 있다. 하지만 좋은 것은 하나도 제공해주지 못한다. 더 강하고 더 빛을 발하게 해 주지 못하는 것이 그 증거이다. 거기서는 생명을 먹을 수도, 빛을 마실 수도 없고, 심오한 수행은커녕 피상적이고 하찮은 것들로 만족해야 하기에 그럴 수밖에 없다.

요컨대, 각 사람은 자기가 원하는 것을 할 수 있는 자유가 있다.

하지만 나는 여러분이 참 생명을 먹느냐, 아니면 책 속에서 시간을 보내느냐에 따라 그 결과가 어떻게 달라질지 알고 있다. 지금까지 여러분은 음식을 먹는 것과 책을 읽는 것 사이에 존재하는 차이를 잘 파악하지 못했던 것 같다. 나는 책을 읽지 않는다. 그럴 시간이 없다. 하지만 자연이라는 책은 읽는다. 여러분의 얼굴과 마음 또한 읽는다. 그리고 무엇보다 태양을 읽는다. 태양은 내가 날마다 읽는 책이다. 태양은 날마다 내게 새로운 계시를 해 주고, 나는 가끔 여러분에게 그 계시를 전달한다. 여러분 역시 후일 책을 덜 읽게 될 것이다. 살아 있는 자연책을 읽게 될 것이기 때문이다.

매일 아침 여러분은 그날의 임무 수행을 위한 힘을 얻기 위해 아침 식사로 하루를 시작한다. 만일 먹지 않고 도서관에서 하루를 보낸다면 여러분은 비몽사몽이 될 것이다. 읽고 있는 내용을 전혀 이해 못할 수도 있다. 일을 하려면 힘이 있어야 하고, 힘을 얻으려면 먹어야 한다. 모든 사람이 그것을 안다. 그런데 영적인 차원에서도 똑같은 법칙이 작용한다는 것은 어째서 이해하지 못할까?

그러므로 여러분은 살아 있는 신선한 영의 양식을 찾는 법부터 터득해야 할 것이다. 그리고 새벽녘 태양 광선을 빨아들이듯 그것을 빨아들이라. 여러분에게는 근원으로부터 오는 순수한 음식, 생명 그 자체와 같은 음식이 필요하다. 단순하지만 강력한 음식이다. 빛을 비춰 주고 해갈시키고 소생시키는 음식이다. 내가 자주 말했듯이, 여기는 대학이 아니고 식당이다.

그러므로 여러분이여, 기뻐하라. 설령 여러분이 여기서 전혀 배우는 것이 없다해도, 최소 자극과 열정과 생명력은 받게 될 것이다. 이것이 핵심이다. 먼저 살아남아야 하지 않겠는가. 그 다음에 여러분이 원하는 모든 것을 배우러 가도 늦지 않을 것이다.

저서 목록

Izvor Collection

201 – Toward a Solar Civilization
202 – Man, Master of his Destiny
203 – Education Begins Before Birth
204 – The Yoga of Nutrition
205 – Sexual Force or the Winged Dragon
206 – A Philosophy of Universality
207 – What is a Spiritual Master?
208 – Under the Dove, the Reign of Peace
209 – Christmas and Easter in the Initiatic Tradition
210 – The Tree of the Knowledge of Good and Evil
211 – Freedom, the Spirit Triumphant
212 – Light is a Living Spirit
213 – Man's Two Natures: Human and Divine
214 – Cosmic Creation *Union of the Masculine and Feminine*
215 – The True Meaning of Christ's Teaching
216 – The Living Book of Nature
217 – New Light on the Gospels
218 – The Symbolic Language of Geometrical Figures
219 – Man's Subtle Bodies and Centres
220 – The Zodiac, Key to Man and to the Universe
221 – True Alchemy or the Quest for Perfection
222 – Man's Psychic Life: Elements and Structures
223 – Creation: Artistic and Spiritual
224 – The Powers of Thought
225 – Harmony and Health
226 – The Book of Divine Magic
227 – Golden Rules for Everyday Life

228 – Looking into the Invisible
229 – The Path of Silence
230 – The Book of Revelation: a Commentary
231 – The Seeds of Happiness
232 – The Mysteries of Fire and Water
233 – Youth: Creators of the Future
234 – Truth, Fruit of Wisdom and Love
235 – 'In Spirit and in Truth'
236 – Angels and other Mysteries of The Tree of Life
237 – Cosmic Balance, The Secret of Polarity
238 – The Faith That Moves Mountains
239 – Love Greater Than Faith
240 – Sons and Daughters of God
241 – The Philosopher's Stone *in the Gospels and in Alchemy*
242 – The Wellsprings of Eternal Joy
243 – The Laughter of a Sage
244 – 'Walk While You Have the Light'

Complete Works

Volume 1 – The Second Birth
Volume 2 – Spiritual Alchemy
Volume 5 – Life Force
Volume 6 – Harmony
Volume 7 – The Mysteries of Yesod
Volume 10 – The Splendour of Tiphareth *The Yoga of the Sun*
Volume 11 – The Key to the Problems of Existence
Volume 12 – Cosmic Moral Laws
Volume 13 – A New Earth *Methods, Exercises, Formulas, Prayers*
Volume 14 – Love and Sexuality (Part I)
Volume 15 – Love and Sexuality (Part II)

Volume 16 – Hrani Yoga *The Alchemical and Magical Meaning of Nutrition*

Volume 17 – 'Know Thyself' Jnana Yoga (Part I)

Volume 18 – 'Know Thyself' Jnana Yoga (Part II)

Volume 25 – A New Dawn: Society and Politics in the Light of Initiatic Science (Part I)

Volume 26 – A New Dawn: Society and Politics in the Light of Initiatic Science (Part II)

Volume 29 – On the Art of Teaching (Part III)

Volume 30 – Life and Work in an Initiatic School *Training for the Divine*

Volume 32 – The Fruits of the Tree of Life *The Cabbalistic Tradition*

출생 전 시작되는 자녀교육

지은이 옴람 미카엘 아이반호프
옮긴이 주영경
펴낸이 이남호
펴낸곳 전북대학교출판문화원

초판 1쇄 인쇄 2018. 8. 28
초판 1쇄 발행 2018. 9. 3

전북대학교출판문화원 전라북도 전주시 완산구 어진길 32 (풍남동2가)
전화 (063) 219-5322
FAX (063) 219-5323
출판등록 2012년 8월 20일 제465-2012-000021호

값 9,000원

ISBN 979-11-87892-98-4 03370

이 도서의 국립중앙도서관 출판예정도서목록(CIP)은 서지정보유통지원시스템 홈페이지(http://seoji.nl.go.kr)와 국가자료종합목록시스템(http://www.nl.go.kr/kolisnet)에서 이용하실 수 있습니다. (CIP제어번호 : CIP2018026082)

'소리내'는 전북대학교출판문화원의 임프린트입니다.